CAMINHOS DE KIAROSTAMI

JEAN-CLAUDE BERNARDET

Caminhos de Kiarostami

COMPANHIA DAS LETRAS

Copyright © 2004 by Jean-Claude Bernardet

Capa
Etore Bottini
sobre foto de Abbas Kiarostami

Preparação
Cristina Yamazaki

Revisão
Isabel Jorge Cury
Carmen S. da Costa

Dados Internacionais de Catalogação na Publicação (CIP)
Câmara Brasileira do Livro, SP, Brasil

Bernardet, Jean-Claude
    Caminhos de Kiarostami / Jean-Claude Bernardet. —
São Paulo : Companhia das Letras, 2004.

    ISBN 85-359-0571-5

    1. Cinema – Irã – História e crítica 2. Cinema – Pro-
dutores e diretores – Irã 3. Crítica cinematográfica 4. Filmografia I. Título.

04-6683   CDD-791.430955

Índice para catálogo sistemático:
1. Cinema iraniano : Apreciação crítica : Artes
      791.430955

[2004]
Todos os direitos desta edição reservados à
EDITORA SCHWARCZ LTDA.
Rua Bandeira Paulista 702 cj. 32
04532-002 — São Paulo — SP
Telefone: (11) 3707-3500
Fax: (11) 3707-3501
www.companhiadasletras.com.br

Peço-lhes que me desculpem por expor-me assim diante dos senhores; mas penso ser mais fácil relatar o vivido do que simular um conhecimento independente de toda e qualquer pessoa, e uma observação sem observador. Na verdade, não há teoria que não seja um fragmento, cuidadosamente preparado, de uma autobiografia qualquer.

Paul Valéry

*Agradeço as conversas, as dicas, o apoio de Glênio Pôvoas, Ivonete
Pinto, Jean Pascal Gans, Jorge Schwartz, Rodrigo Naves, Sabina
Anzuategui, Sergio Funari, Stéphane Malysse
a paciência de Maria Rita Galvão
e a colaboração das bibliotecárias do Museu Lasar Segall
e da Cinemateca Brasileira*

A organização e exposição do pensamento não é um fato individual, mas social. A forma *livro* convida a que o pensamento se organize e exponha linearmente. A forma *hipertexto* nos encaminha para outras configurações.

Abbas Kiarostami fez um filme e o intitulou *Dez*. Por quê?

O filme se compõe de dez blocos ou seqüências. A crítica internacional considerou, quase à unanimidade, que assim ficava justificado o título. Não me parece ser uma justificativa óbvia, já que os filmes não costumam ter como título a quantidade de suas seqüências ou algum termo que remeta diretamente à sua composição. Títulos como *Os sete samurais* (Kurosawa) ou *Sete noivas para sete irmãos* (Stanley Donen) ou *Oito mulheres* (François Ozon) não deixam de se referir à construção dramática. Neste último, a interação de oito personagens femininos interpretados por oito atrizes tece o enredo. Mas os substantivos *mulheres, samurais, noivas* ou *irmãos* são mais determinantes do que as informações quantitativas. O *8 mulheres e $^1/_2$*, de Peter Greenaway, está mais próximo dos títulos acima que do *8 e $^1/_2$*, de Fellini, que ele parodia e homenageia. Fellini talvez tenha sido o primeiro a escolher um número como título — número que não se referia à construção narrativa, e sim à posição do filme na filmografia do cineasta. O que fazia todo sentido, já que *8 e ¹/₂* tinha como tema a criação cinematográfica.

Atualmente encontramos com alguma freqüência obras intituladas com números ou com números no título. Lembro, por exemplo, de *Onze*, "história" de Bernardo Carvalho. O número titular remete à quantidade de personagens em atuação na primeira parte do livro, e também à quantidade de personagens assassinados num aeroporto por ocasião de um massacre, quase no fim. O número não parece ter função estrutural do ponto de vista construtivo, mas é aleatório. Fosse nove ou doze, nada se alteraria. Isso não impede, porém, o número de passear pelo texto ficcional: "Passamos os dias seguintes furando as telas — apenas dois furos em cada tela, onze telas [...]", "No dia 11 de novembro, às onze horas da manhã, quando publicaram o relatório [...] No dia 11 de novembro, por volta das onze da noite, Verônica Correia Fraga [...]", "[...] disse o artista com o indicador apontado para um homem rodeado por onze meninos num subúrbio do Rio de Janeiro [...]", "Eles atacaram à noite e às onze horas da manhã ainda resistíamos". Outros números também podem freqüentar o texto: a rua 86 de Nova York, ou "[...] o artista me mandou abrir na página 54, lembro ainda, 54, que era exatamente a página [...]". Aliás, nada impede que esse mesmo número onze compareça na obra seguinte do mesmo romancista, *Nove noites*: "A consciência do perigo só veio cinco anos depois. Eu estava com onze anos", "[...] a aldeia em que havia passado os seus últimos meses sofreu um ataque de onze homens armados com rifles, sob o comando de dois fazendeiros". Tampouco o *nove* remete a elementos construtivos, mas designa o número de encontros de um dos narradores com o personagem central, durante os quais ele como que se confessa. Fossem oito ou onze os encontros noturnos, nada se alteraria. Talvez o autor goste do número nove, talvez esteja ligado a algum aspecto de seu imaginário pessoal, talvez a aliteração tenha lhe parecido mais sugestiva para o título do que sete ou oito noites. Contudo, no caso de *Onze*, não é impossível localizar um vínculo temático com o número. De fato, encontramos a frase "A professora — a mesma a quem eu tinha respondido que um e um eram onze — chamou [...]", e, bem mais tarde, a reveladora reflexão de um narrador sobre sua relação com outro personagem: "Éramos um e um, lado a lado, refletidos e inseparáveis, o um reiterado, reafirmação de um e do outro, de um no outro". Nessa fusão, o título numérico adquire uma significação alegórica mais densa, diante da qual as outras referências ao onze apresentam caráter lúdico. É mais ou menos o que acontece no filme *Seven* (que em português recebeu o título *Sete crimes capitais*), de David Fincher. O número remete tematicamente aos pecados capitais, um diálogo cita Dante e os sete degraus do purgatório, e o número ecoa de forma lúdica pelo filme: um personagem fala dos "sete próximos dias", o tempo que deus levou para criar o mundo; uma ação ocorre às sete horas da manhã; um escritório tem o número 714 etc. Apesar da presença de sete letreiros marcando os dias da semana durante a qual a ação se desenvolve, *Seven* não chega a ter sete partes ou seqüências e o número não remete à construção da obra.

É diferente o que acontece com *33*, de Kiko Goifman. O título numérico mantém fraca relação temática com o filme e designa um aspecto do método de filmagem. *33* narra a busca de Goifman, filho adotivo, pela mãe biológica. Tinha trinta e três anos de idade quando resolveu desenvolver esse projeto, e construiu um sistema que previa um tempo de filmagem de trinta e três dias — após esse período, interromperia o trabalho, independentemente dos resultados a que se tivesse chegado.

O título de Kiarostami também remete a um aspecto da composição do filme: de fato ele tem dez blocos. Mas, apesar da referência rigorosa à construção, o número do título não deixa de ser algo aleatório, pois ele poderia ter nove ou onze blocos e o título seria *Nove* ou *Onze*. Não se trata de mera suposição: em entrevista a Michel Ciment e Stéphane Goudet (2002), Kiarostami informa que previa onze seqüências ao iniciar as filmagens e eliminou uma na montagem para não ultrapassar noventa minutos de projeção. E acrescenta: "E dez me parecia um bom número, que não impunha nada ao espectador. São como os dez capítulos de um romance, todos separados e no entanto muito interligados". Onze teria sido mais impositivo? Dez ou onze, tanto faz, o fato é que o título não se refere de modo algum à temática, mas apenas à composição. O título, ao remeter o espectador à construção, mantendo total independência em relação aos personagens e ao enredo, chama a atenção para o dispositivo do filme, que é rigoroso: dez blocos numerados de um a dez; filmagem exclusiva dentro de um carro (do espaço externo aparece apenas o que enxergamos pelas janelas laterais); duas câmeras fixas instaladas sobre o capô do carro, uma dirigida para a motorista, outra para o passageiro. Nada será alterado no decorrer da realização; qualquer coisa que ocorra durante a filmagem, mesmo imprevista, deverá enquadrar-se no dispositivo (com exceção de um plano, que veremos mais tarde); todos os planos guardados para a montagem terão necessariamente que se incluir num dos dez blocos.

O rigor de um dispositivo no qual tudo se encaixa lembra os *structural films* norte-americanos do final dos anos 60, início dos 70. Duas obras-primas desse extraordinário movimento cinematográfico são *Wavelength* e (*nostalgia*).

P. Adams Sitney, que teria cunhado a expressão *structural film*, considera tratar-se de "um cinema de estrutura no qual a forma do filme inteiro está predeterminada e é simplificada, e essa forma é a impressão primordial que se tem do filme [...] O *structural film* insiste na forma, e o conteúdo, qualquer que seja, é mínimo e subsidiário à idéia geral. As quatro características do *structural film* são a posição fixa da câmera (fixa da perspectiva do espectador), o efeito de pisca-pisca, o uso do *looping* e a refilmagem da imagem projetada na tela. É muito raro encontrar essas quatro características em um único filme, e há filmes estruturais que modificam esses elementos habituais [...] No cinema estrutural, entretanto, as estratégias aperceptivas vêm em primeiro plano. É cinema da mente, mais que dos olhos".

Wavelength, de Michael Snow, é um *zoom*, em câmera fixa, que atravessa enviesadamente uma sala e chega imperturbável a uma foto presa na parede entre duas janelas, através das quais se vê a rua. A lenta evolução do movimento provoca o estreitamento gradual do campo. O movimento seguirá seu curso, soberbo e indiferente a qualquer coisa que possa acontecer. E pode acontecer. Podem entrar duas pessoas, uma delas ligar o rádio e ouvirmos "Strawberry Fields for Ever". Outras pessoas podem trazer um armário. Pode entrar um homem e cair morto. Pode entrar uma mulher, que telefona para avisar que tem um defunto no chão. O movimento não se altera com essas pequenas perturbações. A película também tem as suas circunstâncias. O filme dura quarenta e cinco minutos, e o movimento quase o mesmo tempo, interrompendo-se nos últimos minutos para a câmera focalizar a fotografia. *Wavelength* não poderia ter sido filmado de uma só vez, não havia chassi com película suficiente para um plano dessa duração. Foi filmado em várias etapas — a luz evolui do dia para a noite —, provavelmente com negativos diferentes, dando à imagem diferentes texturas. O diafragma, os filtros e o tratamento laboratorial também foram diversificados, e resultaram em imagens ora contrastadas, ora estouradas, a que se junta o uso de negativo e de fotogramas brancos — nada disso perturba o movimento. Algumas vezes, uma ligeira volta para trás de alguns fotogramas ou pequenas sobreimpressões provocam como que breves palpitações do espaço. Este é o filme, esse dispositivo e essa forma são o filme. Sobre eles, pode-se construir o que se quiser. Uma reação afetiva: a projeção pode provocar tédio e indiferença, ou fascínio e uma tensão crescente motivados pela lenta regularidade do *zoom* e por sua progressão inalterável diante das circunstâncias. Uma interpretação: por exemplo, Annette Michelson, a quem devo minha iniciação ao *structural film*, considera-o uma "metáfora da própria consciência" (citado por Sitney). Mas o que sobressai invariável é o próprio movimento, indiferente às interpretações que possamos lhe atribuir. A vontade de interpretar é constante; o *zoom*, a redução progressiva do espaço, as circunstâncias da imagem e dos sons, os incidentes no campo não parecem suficientes: tudo isso tem que ter uma significação. Senão, que sentido faz?

As indicações acima não constituem uma descrição de *Wavelength*, são apenas referências para que o leitor possa ter alguma idéia de como se comporta a obra. Em 1967, Snow publicou uma descrição do filme, que Sitney considera uma simplificação da "ambigüidade essencial" da obra. De fato, o texto de Snow não constitui uma descrição, tampouco o conjunto dos elementos descritivos fornecidos pelo próprio Sitney. *Wavelength* não é descritível. Descrevê-lo implicaria descrever as alterações de luz, os reflexos no teto da sala provocados pela passagem dos carros na rua, a textura dos fotogramas etc. *Wavelength* é tão indescritível como uma catedral de Monet ou uma Santa Vitória de Cézanne. Quase sempre, quando falamos de filmes, não é deles que falamos, e sim dos andaimes interpretativos que erguemos em volta deles. Quando a obra é narrativa ou expositiva, a nossa ilusão até pode ter algum fundamento, mas em geral nosso discurso se refere ao enredo e às suas possíveis significações psicológicas, morais, sociais ou outras. Quando o filme não é nada mais do que é, quando não é simples suporte instrumentalizado para transmitir informações, isto é, quando a forma é o conteúdo e o conteúdo é a forma, o discurso descritivo beira o impossível. Snow, em carta citada por Sitney, fala, a respeito de Cézanne, em obras que simultaneamente *representam* e *são* alguma coisa. Quando na obra *representar* e *ser* coincidem, o discurso a seu respeito só pode ser alusivo, nunca consegue se apropriar da obra. O que se aplica a *Wavelength*, embora Snow "espere" que seu filme esteja mais próximo de Vermeer que de Cézanne.

(*nostalgia*), de Holis Frampton, abre com uma ponta preta durante a qual ouvimos testes de microfone e uma voz masculina anunciar o tema: "lembranças de uma dúzia de fotografias que tirei há vários anos". A seguir vêm treze planos mostrando treze fotografias, cada uma acompanhada por um comentário. A diferença entre as treze fotografias mostradas e a dúzia anunciada provoca uma pequena distorção no sistema — o que é freqüente quando este é muito rígido e evita que ele se torne mecânico. A distorção é justificada pelo comentário referente à última foto: "Não tirei essa foto, e não sei quem a tirou [...] Foi publicada num jornal". As fotos são filmadas na vertical por uma câmera fixa, estão dispostas sobre a boca acesa de um fogão elétrico; após algum tempo, a espiral da boca do fogão desenha-se na foto e o plano dura até ela ficar toda carbonizada (algumas pegam fogo). A ponta preta inicial dura trinta e três segundos, o último plano, que apresenta o logotipo do cineasta (HF), dura quatro segundos.

Reencontramos aqui um sistema rígido, que se mantém do segundo ao penúltimo plano, independentemente do que mostram as fotos, do seu tamanho e das informações fornecidas pelos comentários. Elas são invariavelmente filmadas do mesmo ângulo e são carbonizadas em planos de dois minutos e quarenta e quatro segundos, que fecham com um escurecimento.

Os comentários têm um teor que vamos chamar de autobiográfico. O cineasta explica quando e como tirou a foto, se ela é ou não do seu agrado etc. Sitney destaca o caráter autobiográfico do filme, o trabalho sobre a memória do cineasta (já sugerido pelo título) e sobre o passado — as fotografias são antigas, elas vão sendo queimadas.

Mas a estrutura inclui uma particularidade importante: os comentários nunca se referem à fotografia que está na tela, sempre à seguinte. O que, no meu entender, provoca um trabalho sobre a memória diferente do apontado por Sitney. A princípio, o espectador fica desconcertado: ao ver a foto de um laboratório fotográfico (a primeira da série), ouve tratar-se de um retrato de Carl Andre, que fez questão de aparecer com o rosto no meio de uma moldura oferecida por uma amiga. Será necessário chegar à terceira ou quarta fotografia para que o espectador se dê conta da sistemática da relação entre fotos e comentários. Uma vez que percebeu a sistemática, o espectador encontra-se numa situação estranha: o seu presente é complexo, para entendê-lo tem que ativar a memória, isto é, rememorar o que foi dito durante a apresentação da foto anterior a respeito da foto que está vendo agora, e assimilar o comentário que está ouvindo projetando-o para o futuro, isto é, para a foto que seguirá. Esse trabalho exige concentração e é inevitavelmente acompanhado por uma sensação de perda. De fato, não é possível lembrar-se de todas as informações fornecidas antes sobre a foto que se está vendo, e ao mesmo tempo prestar atenção à foto mostrada e ao comentário ouvido — além disso, a lenta carbonização das fotos tem um certo poder de fascínio (o papel vai se retorcendo, ganhando formas estranhas, diferentes para cada foto, e podem-se vislumbrar figuras como nas nuvens ou nas pranchas de Rorschach). A riqueza desse filme é possibilitar ao espectador vivenciar, não sem alguma tensão, um presente cheio de passado e de futuro; vivenciar o seu próprio trabalho de memória e sua perda. É fundamental ressaltar que nada disso ocorre em virtude das informações, sejam visuais ou auditivas, fornecidas pelo filme, mas tão-somente por causa da disposição dessas informações. A informação maior está na estrutura de (*nostalgia*), e não no seu conteúdo. Se os comentários incidissem sobre a foto comentada, o espectador perceberia o trabalho de memória do fotógrafo-cineasta, com o qual poderia manter relação compreensiva e afetiva — ou seja, teria acesso ao trabalho de memória como tema do filme, mas não estaria colocado em situação de vivenciar o seu próprio trabalho de memória. O espectador poderá tomar consciência da situação em que foi colocado ou durante a projeção (os comentários são mais curtos que os planos, deixando tempo para refletir e contemplar a carbonização), ou depois. Nem por isso se deve desprezar a dimensão pessoal e intimista do filme — apesar de a densa experiência poética experimentada pelo espectador ser provocada pela estrutura.

É evidente que a organização exposta deixa de funcionar quando se chega à última foto: o comentário que incide sobre ela não comenta foto alguma, mas explica como e por que o fotógrafo desistiu da fotografia. Fato a que não deixavam de aludir as sucessivas carbonizações, como percebemos retrospectivamente.

Vimos que informações de teor autobiográfico acompanham as fotos. A esse respeito, uma nota de Susan Krane inserida no livro de Frampton traz uma elucidação significativa: "Algumas das datas mencionadas no comentário (por exemplo a das fotos 5, 9 e 11) são voluntariamente fictícias, em conformidade com a idéia de Frampton de que a autobiografia é a manipulação de um passado realizada para o público".

Haveria um parentesco entre esses *structural films* e *Dez*, de Kiarostami? Uma afinidade parece evidente: *Dez* obedece ao sistema rígido descrito acima, que será rigorosamente mantido do início ao fim do filme. Podemos falar de um "protocolo estrito" (expressão usada por Dominique Baqué), de um sistema de coerções livremente escolhido e determinado pelo autor, e a que terá de submeter toda matéria que vier a integrar a obra.

Outra afinidade, dessa vez especialmente com (*nostalgia*): constitui-se de blocos sucessivos com a mesma estrutura. Cada bloco comporta dois e apenas dois tipos de material: as imagens fornecidas por cada uma das câmeras. Mas, dentro de cada bloco, a entrada desses materiais não obedece a uma sistemática perceptível. O bloco 10 se compõe de dois planos: um do filho, de mais de quinze minutos; o segundo, breve, da mãe, Mania. Já no bloco 5, por exemplo, alternam-se trinta e seis planos da mãe e do filho. Tampouco é sistemática a duração dos planos. Dentro do rigor, a composição interna dos blocos é maleável: se o material produzido pelo sistema respeita as coerções, a seleção e a ordenação dentro dos blocos são guiadas quase totalmente pelas falas dos personagens e por suas reações. Esse conjunto de blocos, que obedecem ao mesmo protocolo mas têm organização interna diversificada, nos permite compreender o filme como uma *série com variações*. Os blocos apresentam um forte denominador comum, e ao mesmo tempo diferenciam-se como singulares.

> "Desde o início meus temas se restringiram a um âmbito mais limitado que o da maioria dos outros pintores, de forma que o perigo de me repetir era maior. Parece-me que eu evitei esse perigo empregando mais tempo e reflexão em conceber cada uma de minhas imagens como variação de um ou outro desses temas."
>
> Giorgio Morandi, citado em Growe

A presença de um fenômeno de serialismo na obra de Kiarostami já tinha sido detectada antes de *Dez*. Jean-Luc Nancy, em 2001, escreveu que "quanto ao essencial, *Onde fica a casa do meu amigo?* consiste numa série de variações sobre uma criança caminhando nas ruas de um vilarejo". Podemos também encontrar indícios de séries em outros filmes: em *O vento nos levará*, os numerosos telefonemas do diretor de televisão com sua produtora formam uma série. E é particularmente perceptível em *Através das oliveiras* — como gira em torno da produção de um filme, assistimos à filmagem de diversas cenas. Numa delas, um rapaz sobe uma escada com um saco de gesso (conforme as legendas em português); quando chega ao topo, uma moça, que não vemos, o comprimenta, e ele deve responder mas não responde. A cena é repetida três vezes: na terceira o rapaz explica que fica gago quando vê a moça por estar apaixonado por ela, e o diretor desiste. Procura-se um ator substituto, Hossein, e a cena será repetida uma quarta vez. Mais tarde, Hossein interpretará outra cena: desce a mesma escada, põe os sapatos enquanto conversa com um amigo. A primeira tomada não vale porque o ator abaixa a cabeça quando fala o diálogo; a segunda e a terceira também não, porque ele diz ter perdido vinte e cinco pessoas de sua família no terremoto, quando o diretor quer que diga sessenta e cinco. Enfim, a quarta tomada é considerada boa. As tomadas de uma outra cena não dão certo porque a moça chama o personagem com quem contracena de "Hossein" e não de "senhor Hossein", conforme a vontade do diretor; e no final da quinta tomada Hossein explica ao diretor por que ela não o chama de "senhor Hossein". As múltiplas tomadas dessas três cenas são todas diferentes: algumas abrem com claquete, outras não; são interrompidas em momentos diversos; a gestualidade do ator é ligeiramente diferente; o enquadramento se altera um pouco de uma para outra; às vezes são seguidas de intervenções sonoras ou visuais do diretor. É de fato um sistema de *série com variações*, tema ao qual voltaremos. Se a questão fosse apenas metacinematográfica, ou seja, o filme dentro do filme, não sei se uma repetição tão insistente teria sido necessária, pois entendemos logo do que se trata, não precisaríamos de, respectivamente, cinco + quatro + cinco tomadas para cada uma das três cenas. Além do mais, as tomadas de cada cena são interrompidas sem que a última possa ser considerada "boa": quando o primeiro ator é substituído por Hossein, a moça não diz sua fala, embora o fizesse com o ator precedente; na última tomada da cena em que Hossein conversa com um amigo, ele enfim diz sessenta e cinco, mas o amigo tem um branco e o diretor lhe sopra o diálogo; e na terceira cena, em nenhuma tomada a moça disse "senhor Hossein". Portanto, a interrupção não ocorre por se ter chegado a um resultado satisfatório. Há simplesmente uma interrupção. Se o leitor quiser saber como ficou a cena definitiva, é só assistir a *Vida e nada mais*. As duas cenas filmadas por Hossein em *Através das oliveiras* formam uma só em *Vida e nada mais*, no qual ele não diz vinte e cinco nem sessenta e cinco, e sim que perdeu "umas sessenta, sessenta e cinco pessoas"; a moça não diz "Hossein" nem "senhor Hossein", mas "você", pelo menos conforme as legendas em português. Essa pode ser a nossa impressão, mas não é correta, até porque *Vida e nada mais* é anterior a *Através das oliveiras*. Logo, os ensaios filmados neste não poderiam ter sido aproveitados naquele. As cenas de filmagem de *Através das oliveiras* aparentam ser um *making of*, o que na verdade não são.

> *A hora da estrela*, de Jorge Furtado, é uma adaptação do romance homônimo de Clarice Lispector. Só que em vez de realizar a adaptação como se faz usualmente, o filme mescla vários procedimentos: representação da ficção romanesca, leitura de trechos do livro por Regina Casé e cenas de preparação do filme. Várias moças nordestinas, candidatas ao papel principal, comentam sua própria vida para entender Macabéa, ensaiam algumas cenas; compara-se a atuação de umas e outras, e uma delas é escolhida. Ou seja, é um *making of*, ou melhor, um *making of* que se tornou espetáculo em si. A preparação, que tradicionalmente não faz parte do espetáculo e que, ao contrário, se tenta esconder, é transformada em espetáculo. Estamos muito longe de filmes como *A noite americana*, de François Truffaut, no qual assistimos à filmagem de um filme que está ficcionalmente em produção, mas não à filmagem do filme que estamos de fato vendo, ou seja, *A noite americana*. A série de televisão a que pertence *A hora da estrela* tem outra proposta estética: além de as cenas de preparação serem exibi-

das, são elaboradas para ser apresentadas no corpo da obra, e não como complemento. E são cenas de preparação de um filme que não existe. O processo de elaboração, os preparativos, o rascunho se tornam obra em si, e são feitos com essa finalidade.

A hora da estrela alcança um resultado bastante excepcional, pois o romance de Clarice Lispector não é a narração da história de Macabéa, mas a narração do trabalho de um escritor que escreve a história de Macabéa. O filme de Jorge Furtado fica mais próximo da estrutura do romance que a adaptação de Suzana Amaral, que conta a história de Macabéa, pois Furtado-Casé-Arraes assumem a instância narrativa do escritor fictício imaginado por Clarice Lispector. Macabéa também ganha nesse processo: por não se restringir a uma atriz e ser composto de uma pluralidade delas, o personagem se torna coletivo. Assim como Macabéa, muitas moças...

A hora da estrela pertence a uma corrente que eu chamaria de *estetização da crítica genética*, ou seja, a elaboração é apresentada não como documentação para melhor compreender a obra, mas como obra em si. E, além disso, se beneficiou dessa postura estética por enriquecer suas relações com o romance que lhe serviu de ponto de partida.

É a cena de Hossein em *Vida e nada mais* que deu a Kiarostami a idéia de fazer um outro filme, intitulado *Através das olivei-*

ras, que seria a preparação do anterior. O que mencionam as claquetes das cenas de filmagem? Não sabemos por que se usa o alfabeto árabe, mas entrevistadores descobriram que as claquetes mostradas em *Através das oliveiras* nas cenas de filmagem de *Vida e nada mais* não indicam o título do filme que estaria em produção, ou seja, *Vida e nada mais,* e sim o título do que está de fato sendo filmado, *Através das oliveiras* (Ciment e Goudet, 1995). A equipe chamou a atenção de Kiarostami sobre o "engano", e ele explica: *Através das oliveiras* é uma *reconstituição* da realidade, não a realidade em si, "portanto, parecia-me justificado escolher o título do filme que estávamos filmando". Para ressaltar essa questão, Kiarostami dá destaque à claquete, pois, além de ser mostrada em algumas das tomadas comentadas acima, ela é descrita no primeiro diálogo do filme como uma espécie de lousa negra sobre a qual se inscrevem informações relativas ao filme. O motivo pelo qual a claquete traz a menção a *Através das oliveiras* é provavelmente o mesmo que faz com que Farhad Kheradmand — ator que interpreta em *Vida e nada mais* o papel do diretor de *Onde fica a casa do meu amigo?,* isto é, Abbas Kiarostami, que depois do terremoto procura as crianças que atuaram neste último filme — seja chamado pelo próprio nome e não de Kiarostami. Daí as explicações de Kheradmand: "Isso provoca numerosas confusões. Quando *Vida e nada mais* terminou, nos diversos países em que eu fui, como o Japão, as pessoas pensavam que eu era Kiarostami e me cumprimentavam pelo filme. Eu tinha que esclarecer que era o ator, e não o diretor" (Martins, 1995A).

ESTRUTURA E TEMÁTICA

Podemos nos perguntar se e como uma estrutura rígida se relaciona com a temática do filme. No caso de *Wavelength,* é difícil afirmar que haja uma temática, embora possamos construir metáforas interpretativas sobre a estrutura e a maneira como ela se desenvolve. Em (*nostalgia*) é possível encontrar uma relação. O comentário que incide sobre a última fotografia (lembro que os comentários se referem sempre à foto seguinte) informa que Frampton abandonou a prática fotográfica, embora recentemente tenha tirado mais uma foto que o deixou insatisfeito. E conclui: "Acho que nunca mais ousarei tirar outras fotos. Ei-la. Olhem-na. Estão vendo o que eu vejo?". Não há foto, não há nada para se ver. Portanto, evoluímos da primeira foto do filme, que representava um laboratório fotográfico, para uma ausência. Cada bloco do filme mostra uma foto sendo reduzida a cinzas, ou seja, desaparecendo. E o comentário que incide sobre a penúltima foto e se refere à última informa que a foto não foi feita pelo cineasta. Conseqüentemente, o conjunto do filme, bem como cada uma de suas células, trabalham no sentido do desaparecimento da foto, do fazer fotografias. Estrutura e temática se relacionam.

Teria a estrutura de *Dez* uma relação com a temática? Em diversas entrevistas, Kiarostami comentou como chegou a essa estrutura: havia tempo queria realizar um filme cujo personagem principal fosse uma mulher (até então, seus personagens principais eram todos masculinos), e buscava uma relação de proximidade, de intimidade com o personagem. Como nos lugares públicos as mulheres têm que estar sempre envoltas num véu, teria que filmar dentro de uma casa, onde elas não usam xador; porém a simples presença da câmera transforma qualquer espaço em espaço público, portanto mesmo em sua casa, diante da câmera o personagem teria de vestir xador, o que falsearia tudo. Kiarostami comenta que as mulheres dos filmes iranianos não são mulheres iranianas, são as mulheres do cinema iraniano, o que explica por que tão freqüentemente, quando filmadas no interior de suas casas, as mulheres do cinema iraniano tomam banho: isso lhes permite substituir o xador por uma toalha, usada para secar o cabelo. Kiarostami leu no jornal uma notícia que no prefácio ao roteiro de *Dez* ele relata da seguinte forma: um dia uma psicanalista de Teerã encontrou seu consultório lacrado pela justiça; seria a conseqüência de um processo de divórcio em que uma paciente a teria responsabilizado pela decisão de se separar do marido. No primeiro dia após a interdição, chega ao prédio do consultório uma paciente, e para não realizar a sessão a psicanalista alega um problema de encanamento. Inconformada, a paciente tem uma crise de choro e entra no carro da psicanalista, que estava parado no estacionamento; quer que a sessão se realize a qualquer custo. Surge um policial, que não autoriza o carro a ficar estacionado com pessoas dentro, então a psicanalista dá partida — e assim teriam começado as sessões no trânsito da cidade, com vários pacientes durante uma semana. Kiarostami deu outras versões da notícia: não aparece o pretexto do encanamento, não há informações sobre a duração da prática psicanalítica em automóvel, a psicanalista teria avisado todos seus pacientes, menos uma, a iniciativa de realizar a consulta teria partido da própria psicanalista. Kiarostami considerou essa situação um bom ponto de partida para um filme e entrou em contato com uma psicanalista, a quem expôs o projeto. Ela se interessou e os ensaios começaram. No entanto, a psicanalista quase não falava, mantinha-se numa atitude de escuta, e ele desejava diálogos entre mulheres. Foi depois disso que Mania Akbari, artista plástica que nunca tinha trabalhado em cinema, assumiu o papel.

Essas informações contribuem para compreender a elaboração do filme, mas não explicam tudo. É necessário dizer que o carro é um tema obsessivo de Kiarostami, insistentemente presente em *A vida e nada mais, Através das oliveiras, O gosto de cere-*

ja, O vento nos levará. Se o carro foi uma solução para filmar mulheres num ambiente mais ou menos íntimo (quando estão de carro, elas têm de se cobrir com o véu, porém costumam afrouxá-lo), é também uma solução que dá continuidade a uma forma que já estava presente nas obras anteriores. Quando surge a forma *carro* — ou, em outras palavras —, quando o carro se torna forma estética no imaginário de Kiarostami?

O carro está hoje tão incorporado à narrativa e à estética cinematográficas que temos dificuldade em imaginar que esse equipamento, surgido no final do século XIX, nem sempre foi um objeto estético e que foi necessário trabalhá-lo para torná-lo potencialmente estético. Antonio Tabucchi (1998) considera que "o primeiro a conjugar o binômio automóvel-literatura [foi] Marcel Proust, no seu artigo 'Impressions de route en automobile', publicado em *Le Figaro* em 19 de novembro de 1907" (reeditado em *Pastiches et mélanges*). Ou seja, Proust estaria no início do processo de estetização do automóvel:

"À minha direita, à minha esquerda, na minha frente, os vidros do automóvel, que eu mantinha fechados, envidraçavam por assim dizer o belo dia de setembro, que mesmo ao ar livre só se via através de uma espécie de transparência [...] Os minutos passavam, andávamos depressa [...] Mas no momento em que me aproximei dela [a catedral de Nossa Senhora de Lisieux], tateando, uma súbita claridade a inundou; tronco por tronco, as pilastras saíram da noite, destacando intensamente, em plena luz contra um fundo de sombra, o vasto modelado de suas folhas de pedra. Era meu maquinista, o engenhoso Agostinelli, que, ao enviar às velhas esculturas a saudação do presente cuja luz só servia ainda para se lerem melhor as lições do passado, apontava sucessivamente para todas as partes do pórtico, à medida que eu desejava vê-las, os faróis de seu automóvel. [...] meu maquinista vestira uma ampla capa de borracha e uma espécie de capuz que, cingindo a plenitude de seu jovem rosto imberbe, tornava-o parecido, enquanto penetrávamos na noite cada vez mais depressa, com um possível peregrino, ou melhor, com uma freira da velocidade [...] ele tocava no teclado e puxava um dos registros desses órgãos escondidos no automóvel, e cuja música, no entanto contínua, não notamos a não ser pelas mudanças de registro que são as mudanças de velocidade; música por assim dizer abstrata, toda de símbolos e números, e que faz pensar nessa harmonia que, dizem, é produzida pelos astros quando giram no éter [...] O maquinista toca a trompa para que o jardineiro venha nos abrir, essa trompa cujo som nos desagrada por sua estridência e monotonia, mas que no entanto, como qualquer matéria, pode tornar-se bonito ao se impregnar de um sentimento [...]" (trad. por Rosa Freire d'Aguiar). Esses breves extratos dão uma idéia de como Proust trabalhou a visão do exterior através das janelas e do pára-brisa, o tempo e a velocidade, o espaço, a luz dos faróis, o vestuário, os ruídos e em particular a buzina.

O projeto de Proust consiste em articular a cultura tradicional com essa nova tecnologia. Bem diferente é o de Teixeira de Pascoaes, também citado por Tabucchi: "Viajar em auto é correr mundo, a cavalo num relâmpago.// Pessoas, paisagens, vilas, lugarejos passam por nós numa tal velocidade, que as impressões recebidas continuam, em nossa memória, a sua doida cavalgada, numa confusão turbilhonante. A distância que as separa e lhes dá perspectiva é eliminada pelo movimento que as anima; e as suas aparências quase se fundem num todo, caótico e disparatado, que é a fonte caricatural da moderna pintura futurista".

O quadro de Matisse, *Le Pare-brise*, de 1917, mostrando uma paisagem emoldurada pelo pára-brisa e pelas janelas laterais de um carro, pode ter sido, conforme Louis Aragon, "o primeiro onde se representou o mundo tal como o vemos numa estrada, do interior de um automóvel".

Carro lembra Roberto Rossellini. Kiarostami é sempre mais do que discreto quando lhe fazem perguntas sobre os filmes de que gostou. A crítica costuma vincular sua obra ao neo-realismo italiano. Em entrevista, Kiarostami diz que no Irã do xá podiam-se ver filmes americanos "que estavam distantes de nossa vida", e filmes neo-realistas, De Sica e Rossellini, "que estavam mais próximos" (Peter Lennon). Em entrevista específica sobre *Viagem à Itália*, de Rossellini, o diretor iraniano conta a S. F. Said a seguinte história: "Recentemente, me pediram num festival que escolhesse um filme que eu quisesse ver uma segunda vez. Escolhi *Viaggio in Italia*, de Rossellini. Quando o vi de novo, achei que não era o filme que tinha visto vinte anos antes. Ainda tem momentos excelentes, mas tem erros terríveis. Quando você gosta de um filme durante vinte anos, ele é como uma árvore que cresce independentemente dentro de você. Só que você está falando de uma árvore que não existe, porque o que existe de fato é uma pequena planta. O que você vê depois de vinte anos ainda é a pequena planta que você viu no passado [...] O filme parecia tão real, como se a câmera não existisse. Nunca vi a cenografia, vi somente a naturalidade. Eu não sabia que o carro tinha sido colocado sobre trilhos e estava sendo puxado [... Agora] vejo quantos artifícios havia. Toda a artificialidade que eu sabia estar atrás das cenas se tornou evidente aos olhos de um diretor de cinema". Não satisfeito com a resposta, Said "inspira fundo" [*sic*] e desfecha a estocada: Kiarostami acha que Rossellini teve uma grande influência sobre seu próprio estilo? A resposta encerra a entrevista: "Sim, mas eu não quero continuar a falar sobre uma pessoa falecida". A minha suposição é que a primeira projeção impressionou Kiarostami, e, arrisco, foram a viagem e o carro que o marcaram. *Viagem à Itália* abre com uma estrada filmada de dentro de um carro em movimento; temos vistas da paisagem tomadas da janela, o motorista e a passageira conversam. Por ocasião do lançamento do filme no Brasil, escrevi: "É justamente essa noção de trajeto que traduz o objeto concreto que é a espinha dorsal do filme: o automóvel" — e isso pode se aplicar a um filme de Kiarostami. Não se trata de influência de Rossellini sobre Kiarostami (aliás, ele recusa com toda a razão o termo "influência"), e seria ingênuo considerar que *Viagem à Itália* tenha moldado — ou coisa parecida — a obra de Kiarostami. Mas é possível que ele tenha encontrado nas imagens e estrutura desse filme — o trânsito, o carro na estrada, o interior do carro, personagens conversando dentro do carro — como que uma formalização de um imaginário sobre o qual ele já vinha trabalhando. Digamos que o filme de Rossellini teria agido como um catalisador sobre o imaginário de Kiarostami.

Portanto, fica difícil dizer se a notícia da psicanalista proibida de clinicar inspirou *Dez* ou se sugeriu a Kiarostami a possibilidade de enquadrar personagens femininos dentro de uma forma que já dominava sua obra e seu imaginário havia tempo. Porém nem a notícia de jornal, nem *Viagem à Itália*, nem a presença recorrente do carro na obra de Kiarostami, embora possam ajudar a sua compreensão, explicam a estrutura de *Dez*, a rigidez de sua construção.

Nos filmes anteriores, Kiarostami apresentou planos tomados de dentro de carros: a câmera no lugar do motorista filma o passageiro ou vice-versa, acompanha a paisagem por uma janela ou pelo pára-brisa, filma o motorista do ponto de vista do banco traseiro. Ou então a câmera externa ao veículo filma motorista e passageiro por uma janela; há planos de paisagem com o carro ao fundo e o diálogo de seus ocupantes em primeiro plano sonoro. É só assistir a *Vida e nada mais* ou *O gosto de cereja* para constatar a variedade de tomadas de carros e seus ocupantes. A exclusividade de apenas dois ângulos, sem nenhum movimento nem alteração de enquadramento, e a exclusividade do espaço fechado — vamos dizer, o *huis-clos* do carro — só aparecem em *Dez*.

32

Quem inventou o huis-clos *automobilísti-co? Fernando Pessoa?*

Ao volante do Chevrolet pela estrada de Sintra,

....

À esquerda o casebre — sim, o casebre — à beira da estrada.
À direita o campo aberto, com a lua ao longe.
O automóvel, que parecia há pouco dar-me liberdade,
É agora uma coisa onde estou fechado,
Que só posso conduzir se nele estiver fechado,
Que só domino se me incluir nele, se ele me incluir a mim.

Álvaro de Campos

"Obrigado a vocês, passageiros de Táxi Parisiense que acabaram embarcando no meu estúdio de rodinhas e aceitaram a travessia sob o olhar indiscreto de minhas câmeras." Esse letreiro abre *Taxi parisien*, de Roberto Bozzi. O documentarista fez um curso para se tornar taxista profissional e armou seu carro com diversas câmeras: há uma atrás do retrovisor, focalizando o banco traseiro (na Europa, só excepcionalmente os passageiros sentam-se ao lado do motorista); outra atrás do banco do motorista filma os passageiros em planos mais fechados, e está escondida num equipamento que contém um monitor que recebe a imagem de uma câmera que grava a paisagem externa; uma terceira capta esse monitor. Por fim, há monitores instalados no painel, protegidos do olhar dos passageiros por uma tampa. O projeto: montar um filme de cinqüenta minutos com o material obtido. Os primeiros passageiros são um casal, inicialmente tomado em plano aberto. A mulher estranha a instalação atrás do motorista e, filmada pela segunda câmera, pergunta: "É uma câmera que tem aí dentro? Foi o senhor que fez isso?". O motorista responde discretamente que foi. É evidente que a mulher não sabe que está sendo filmada, e pergunta se há uma câmera, porque vê a paisagem no monitor. Disseram-me que, quando os passageiros chegavam ao destino, Bozzi os informava do dispositivo e lhes pedia autorização para usar as imagens. Quase todos recusavam. Essas negações não foram incorporadas ao filme, o que, a meu ver, o enfraquece. Para dar continuidade à experiência, o cineasta teve de convidar amigos. Talvez porque a maioria dos passageiros era constituída de fato por pessoas coniventes que brincam de passageiros — embora o façam com seriedade —, a experiência acabou tendo pouca densidade. Além disso, talvez um certo receio do silêncio tenha sido prejudicial: quase todos os passageiros batem papo com o motorista, que não raro puxava assunto. Esse resultado discutível também pode se explicar pela presença de outras câmeras. Há uma no teto do carro, atrás do luminoso TAXI PARISIEN, que filma o veículo envolto pela paisagem urbana — foi ela que forneceu material para o primeiro plano do filme e para inserções entre vários passageiros. Outra câmera, fixada do lado esquerdo do motorista, grava a paisagem pelo pára-brisa. Uma última, que podia gravar de baixo para cima ou na horizontal, focaliza a paisagem através da janela do lado direito do taxista, e seu material foi usado em dois planos. Acho que o filme pode ter sido prejudicado por uma quantidade excessiva de pontos de vista, o que levou a uma construção espacial com pouco rigor. Não se entende que outra finalidade teriam as câmeras voltadas para o pára-brisa e a janela direita, além de diversificar o material. Podemos dizer que o resultado desse dispositivo é frouxo. (Relendo esses comentários sobre *Taxi parisien*, me dou conta de que poderiam ser qualificados não de crítica de filme, mas de crítica de dispositivo.)

Experiência bem mais consistente é a de Paola Prestes em *Diário de bordo. São Paulo/ 9 dias em novembro*. Adora dirigir, passa muito tempo no carro e tem "uma visão masculina do trânsito", diz ela em entrevista, e continua:

"O carro é meu casulo, ele se tornou meu amigo. Tenho tudo no carro, escova de cabelos, livros. É meu escritório, é uma extensão de minha casa, de minha vida. Faço pesquisa musical no carro, em casa é impossível, telefone etc.". Paola Prestes saiu de carro por São Paulo — antes rejeitava a cidade, mas hoje gosta dela, embora a critique —, e durante nove dias consecutivos gravou seus percursos. Eram trajetos corriqueiros: visitar pessoas, ir a uma reunião, às vezes se dar o luxo de namorar a cidade. Com a mão esquerda guia seu Golf de câmbio automático, e com a direita segura uma câmera TRV 900 da Sony na altura da cabeça, filmando o que vê a partir de sua posição de motorista. Quando vi o filme pela primeira vez, tive por momentos a impressão de que a câmera está presa a seu pescoço, tão forte é a relação entre corpo e câmera — aliás, de vez em quando ela encostou o rosto na câmera. Quando quer destacar um objeto ou uma pessoa, ela estica o braço, faz um movimento giratório com a mão. Ela não via no visor o que estava filmando, nem mesmo quando o carro estava parado em semáforos; ela compunha o quadro na cabeça. Disso resultou um copião de quinze horas, cuja montagem deu um filme de cinqüenta e cinco minutos.

Após uma introdução com letreiros, o filme se compõe de nove blocos que abrem com planos diurnos e fecham com noturnos; com exceção do último, que tem apenas planos diurnos. Os blocos foram montados com material gravado no mesmo dia e são separados por pontas pretas, todas com a mesma duração. Essas são as regras. No mais, cada bloco tem sua individualidade, com duração e quantidade de planos diversificadas. O som de rádio, gravado durante as filmagens, com forte presença de programas religiosos, constitui a trilha sonora. Mas nem sempre o que ouvimos corresponde ao programa que estava no ar no momento da captação da imagem, pois algumas alterações foram feitas para diversificar a trilha. E no final, por motivos afetivos, foi acrescentada uma canção de Yves Montand reproduzida de CD.

O resultado é surpreendente. Fora as regras acima expostas, não se percebe nenhuma outra forma de organização. Os percursos não levam a lugar algum — "A gente nunca chega", diz Paola ao comentar os trajetos. O espaço não se estrutura —, vai, por exemplo, do centro da cidade para a periferia ou vice-versa, ou apresenta uma amostragem da diversidade urbana da cidade. Ícones que possam servir de referências, como o obelisco do Ibirapuera ou o Masp, estão ausentes. Nada se hierarquiza, tudo tem o mesmo valor, seja o reflexo do motorista no retrovisor externo do carro da frente, a chuva, um adesivo da virgem Maria ou uma mulher que vende acessórios para carros num cruzamento. O filme é fascinante para os espectadores (aqueles que aceitam o contrato) que se deixam levar por esse tempo que corre indefinido (percursos mais longos ou mais curtos, nove ou doze blocos, tanto faz) nesse espaço diversificado mas inorganizado, no qual muitos detalhes chamam atenção mas nada tem importância. Paola Prestes expressa uma vivência de São Paulo. *Diário de bordo* é uma das formas da nossa sensibilidade à cidade.

A conversa entre o soldado e o motorista em *O gosto de cereja* talvez possa ser considerada uma matriz que deu origem ao sistema de *Dez*: durante cerca de dez minutos alternam-se planos do soldado e do senhor Badii, cada um filmado do ponto de vista do outro. Mas Kiarostami não retomou esse dispositivo em *Dez*. Ele instalou as câmeras no capô. Elas não representam o ponto de vista de nenhum personagem, e sim do narrador. Acho que uma das razões para não voltar ao dispositivo de *O gosto de cereja* é que ele não permite um diálogo espontâneo entre os dois interlocutores. Como a câmera ocupava ora o assento do passageiro, ora o do motorista, só podia haver um ator por vez dentro do carro, e o diálogo entre eles tinha que ser construído na sala de montagem. Kiarostami confirma: "A filmagem se desenvolveu sem que dois atores nunca se encontrassem. Cada vez que um personagem fala em plano fechado, eu estava do outro lado da câmera para lhe dar a réplica e me esforçar em provocar nele determinadas emoções. O homem velho, o jovem soldado, o jovem seminarista, dos quais eu fui o único interlocutor, com certeza ficarão muito surpresos ao não me ver no filme!" (Ciment e Goudet, 1997). Para possibilitar um diálogo efetivo, captar a improvisação, as reações verbais e gestuais de cada um à fala do outro, e para filmá-los de frente, as câmeras tinham que ficar do lado de fora.

O ELOGIO DO CARRO

É necessário nos debruçarmos um pouco mais sobre os carros nos filmes de Kiarostami. Ele escreveu sobre o tema no prefácio à edição francesa do roteiro de *O vento nos levará*: "*On sait que la voiture est un mobile fascinant pour moi*". Deixo a frase em francês por causa da palavra *mobile*, realçada no original. Em francês, ela pode significar tanto *móvel*, no sentido de algo que pode ser deslocado, quanto *motivo, motivação*. E Kiarostami continua: "Estranho e lamento que esse meio de locomoção ainda não tenha se tornado, para os espectadores ou para os críticos de cinema, tão familiar ou usual como qualquer outra locação. Ninguém pergunta por que se filma dentro de uma casa. Há muito tempo que os filmes se ambientam em casas. E também não se pergunta por que filmar num escritório, na rua, numa fazenda, sei lá [...] Não sei por que surpreende tanto o carro como locação, e por que constantemente me questionam a esse respeito. O carro me parece um ambiente semelhante a qualquer outro, como um escritório, uma casa, ruas [...] mas esse ambiente apresenta vantagens extraordinárias e não posso descrevê-las todas aqui".

Em suas entrevistas, Kiarostami se refere com freqüência ao carro: "Devo dizer também que gosto muito de guiar. O carro é quase um amigo para mim. Com ele posso ir aonde eu quiser, e ele é mais paciente do que um cavalo [...] Convido estranhos para levá-los a algum lugar e posso me comunicar com eles. E gosto que esse diálogo se dê lado a lado e não frente a frente, e que saibamos — meu passageiro e eu, limitados pelo tempo — que estamos, um e outro, conscientes de que após alguns minutos ou algumas horas de conversa provavelmente nos separaremos para sempre. O carro também oferece a vantagem de permitir que se chame a atenção das pessoas que se encontram à beira da estrada, nem que seja para abaixar o vidro e apenas lhes perguntar sobre um endereço. Um homem em plano de conjunto pode, a um chamado, vir se inscrever em primeiro plano no quadro da porta para dar algumas informações. Ao volante, estamos como no cinema, com uma tela em cinemascope diante de nós, duas telas laterais e a possibilidade de realizar um *travelling* extraordinário no meio da natureza. Neste filme [*O vento nos levará*], assim como nos anteriores, entro no carro quando realmente sinto necessidade. É bem verdade que, assim que a oportunidade se apresenta, saio dele para aproveitar o espetáculo que me oferecem os morros e os trigais" (Goudet, 1999). "O carro é simplesmente uma bela idéia. Não se trata apenas de um meio de locomoção que nos leva de um lugar a outro, é também uma casinha, um habitáculo muito íntimo com uma grande janela cuja vista não pára de mudar. Você nunca encontrará uma casa assim na vida real, pois a vista que se tem das janelas de uma casa não muda [...] a janela do carro é grande e, além disso, como numa tela em cinemascope, reflete o movimento. O carro tem outra vantagem: quando se filma do interior, as pessoas do exterior não sabem que estão participando de seu filme. É um *travelling* permanente, ou como que um movimento de grua. Quando o homem, com seu carro, chega ao topo de um morro, ele faz um movimento de grua, uma grua que teria um braço muito comprido. O carro é também um assento onde duas pessoas podem se sentar uma ao lado da outra e olhar a mesma paisagem, a mesma vista. E, inclusive, se as duas permanecerem em silêncio, não significa que estejam de mal. Pode-se convidar alguém a sentar-se no seu carro sem que você seja obrigado a ser ou a se tornar seu amigo. E, em certo momento, essa pessoa desce e vai embora... Por isso digo que o carro oferece um assento ideal. Como ninguém se olha de frente, você convida as pessoas e elas se abrem tranqüilamente com você, como no divã de um psicanalista" (Toubiana). Observemos que essa última declaração data de 1997, portanto Kiarostami estabeleceu a relação carro/psicanálise bem antes de *Dez*, realizado entre 2001 e 2002, e possivelmente antes de tomar conhecimento da notícia sobre a psicanalista cujo consultório fora lacrado. Esse dado é relevante porque, se por um lado notícias de jornais (como também ocorreu no caso de *Close-Up*) ou outras circunstâncias mobilizam a imaginação de Kiarostami, por outro elas ativam, dão concretude a formas já presentes no seu imaginário.

E ainda: "Cheguei a constatar um dia que passava muito tempo no carro, e momentos importantes. Dentro dele, tenho uma vida interior muito mais intensa que na minha casa, onde estou em constante movimento. Em casa não tenho tempo de meditar. Mas uma vez dentro de um carro, com ou sem cinto, você fica imóvel. Ninguém vem incomodá-lo. Não há telefone, nem geladeira, nem visita inesperada. Por isso trabalho ao volante de meu carro. É o único escritório possível para mim, um lugar muito íntimo, como uma casinha, onde não há nada supérfluo [...] Acho que é o melhor lugar para olhar e para refletir [...] Dentro de um carro, as pessoas ficam íntimas rapidamente. Quando estamos sentados ao lado de alguém, seja alguém próximo (portanto, familiar), seja pouco conhecido (e continuaremos a ser uns desconhecidos), quase sempre nos sentimos à vontade. As relações, os encontros sempre serão interessantes" (Goudet, 1999).

O carro também pode ser um lugar para fazer palestras, como em *10 on Ten*. Com uma câmera digital fixada acima da janela do passageiro, Kiarostami guia e durante mais de uma hora, em planos longos, desenvolve, concentrado, reflexões sobre o cinema.

Essa percepção das potencialidades do carro é bem anterior ao início da carreira cinematográfica de Kiarostami, que lembra: "Eu tinha uma avó que, sentada no banco traseiro do carro, dizia: 'Olha lá, a árvore, o morro' [...] No meu entender, naquele momento, ela me apontava uma imagem inesperada no meio de milhões de imagens e ângulos diferentes, e se regozijava por isso. Ela estava fazendo pintura mental" (Kiarostami, "Le Monde d'A. K."). Kiarostami começa a trabalhar o carro desde o início de sua carreira como diretor de cinema; encontram-se carros, circulação, motoristas e passageiros em vários filmes de curta metragem que realizou no Kanun (Instituto para o Desenvolvimento Intelectual das Crianças e dos Jovens Adultos). Por exemplo, em *Experiência* (1973) um garoto de uns catorze anos atravessa perigosamente no meio dos carros, segurando uma bandeja cheia de copos de chá; *Na ordem e na desordem?* (1981) é um filme didático sobre o respeito aos sinais luminosos. Mas, mesmo antes de ser cineasta, Kiarostami já tinha ligação com essa temática. Reprovado no exame de ingresso na Faculdade de Belas-Artes, onde pretendia estudar pintura, Kiarostami, então com dezoito anos, vivia sozinho e era obrigado a ganhar a própria vida. Conseguiu um emprego no Departamento de Rodovias e Trânsito, onde permaneceu por uns treze anos e trabalhou até como guarda de trânsito (Martins, 1995B). Em *O cidadão* (1983), ele se baseou em sua experiência como guarda de trânsito para abordar a caótica circulação automobilística de Teerã, quando as autoridades interditaram o centro da cidade aos carros para tentar resolver os engarrafamentos (Young).

E mais uma afirmação que considero fundamental: "Nos meus filmes, o carro é ao mesmo tempo uma liberdade e uma coerção, tanto para mim como para meus personagens" (Ciment e Goudet, 2002). É a primeira vez, que eu saiba, que Kiarostami fala em coerção (na entrevista, dada em Paris em 2002, a palavra usada em francês foi *contrainte*); que associa ao carro a coerção, bem como a liberdade; e que considera o binômio válido para ele e para os personagens. E é relevante que essa declaração seja justamente a respeito de *Dez*, filme ao qual são impostos vários mecanismos coercitivos, como nunca havia ocorrido na filmografia pregressa de Kiarostami. O conjunto dessas reflexões propõe uma estética do carro.

Talvez seja a dificuldade de aceitar o uso do carro como fato estético em si que tenha levado alguns críticos a inesperadas interpretações. Luiz Carlos Merten qualifica Mania, personagem principal de *Dez*, como "motorista de táxi", e Godfrey Cheshire faz o mesmo em relação ao senhor Badii em *O gosto de cereja* — talvez devido à necessidade de embasar a longa permanência desses personagens dentro de um carro, numa verossimilhança realista que justificaria o fato estético.

Se o carro é preferível à casa, o que ocorre com as casas fixas? Casas e interiores são pouco presentes nos filmes de Kiarostami — em geral são vistos do exterior. É o que acontece em *O gosto de cereja*, quando o senhor Badii vai para casa, provavelmente para tomar as últimas providências necessárias ao suicídio. É noite, Badii se movimenta no apartamento iluminado, mas o vemos através da janela, a câmera não entra. Em *O vento nos levará*, o diretor de televisão conversa com seus colegas que estão no quarto, porém ele fala da varanda; nem ele nem a câmera penetram no interior, que permanece fora de campo. A casa da velha senhora cuja morte se aguarda é vista de fora, de diversos pontos de vista, e o interior nunca é mostrado. Em *Dez*, os diálogos nos informam que no início o menino mora na casa da mãe e no fim na do pai, mas só há referências verbais às casas. Na primeira seqüência de *Close-Up*, uma ação se desenvolve na casa dos Ahanjah, entretanto, como veremos a seguir, a câmera fica de fora; quando a ação se desenvolve no interior, a casa é o lugar onde Sabzian é preso. Em *Onde fica a casa do meu amigo?* há duas seqüências dentro da casa do menino. A primeira se desenvolve no pátio, apresentado como lugar hostil; pois, embora mande o filho fazer a lição de casa, a mãe o sobrecarrega de tarefas (embalar o nenê, procurar fraldas, leite) e não lhe deixa um instante de tranqüilidade. Em contrapartida, a segunda seqüência, ambientada no interior, apresenta um lar aconchegante: o menino é tratado com carinho, apesar de ter desobedecido à mãe por ir a Poshteh, de chegar tarde e se recusar a jantar. Na filmografia de Kiarostami, talvez esse seja o único interior doméstico em que há tranqüilidade e afetividade. Mas na tão procurada casa do amigo, diante de cuja porta o menino provavelmente chega, ele não entra.

Encontramos uma casa significativa em *Vida e nada mais*, na região onde o terremoto destruiu a maioria delas. O motorista leva um homem velho, que tinha atuado em *Onde fica a casa do meu amigo?*, até uma casa que ele estranha ser do velho. Este explica que se trata da "casa do filme", onde lhe disseram para ficar, já que a sua foi destruída. Só que as portas estão trancadas e ele não pode entrar. Então é a casa do velho, mas não é exatamente a casa dele, é sua "casa fílmica", como diz Kiarostami (Giavarini e Jousse), porque a casa tinha servido de locação em filme anterior. Além do mais, *Vida e nada mais* só apresenta casas destruídas, das quais Homayun Payvar, fotógrafo do filme, dá uma bela descrição: "No meio do terraço da casa, a moldura de uma porta abria para um quarto. Mas no lugar de uma abertura que desse para um cômodo escuro onde, onze meses antes, ainda havia vida, era agora uma abertura que dava para um prado verdejante onde carneiros dormiam debaixo das árvores". Em *Através das oliveiras*, negam a Hossein, pedreiro de profissão, a mão de Tahereh por ele não ter casa, pois a avó dela não aceita o argumento de que após o terremoto todos estão na mesma situação dele, com as casas em escombros. A casa como espaço sedentário é de pouca importância na obra de Kiarostami. O que nos revelam *Vida e nada mais* e *Através das oliveiras* — talvez aqui estejam as casas mais expressivas — é a casa destruída e a casa como desejo não realizado.

Além de a casa não se coadunar bem com uma poética do deslocamento, não é impossível que sua raridade se explique também pela preferência de filmar em exteriores com luz natural, o que reduz o aparato cinematográfico e deixa os atores não profissionais mais à vontade.

TRAJETÓRIAS

Como circulam os carros nos filmes de Kiarostami?

Em *Através das oliveiras*, o carro tem uma presença forte, mas essencialmente utilitária. São, aliás, dois carros: o do diretor do filme em produção (em princípio *Vida e nada mais*) e o da senhora Shiva, diretora de produção. Isso não quer dizer que não sejam muito usados, tampouco que neles não aconteçam cenas importantes. Por exemplo, é num carro que Hossein revela ao diretor o que o atrapalha demais nas filmagens: a complexidade de seu relacionamento com Tahereh, a moça com quem deseja casar. É ainda num carro que Hossein explica à senhora Shiva que não quer mais trabalhar como pedreiro. Também em *O vento nos levará*, o carro é sobretudo utilitário: com ele se chega ao vilarejo, com ele o diretor de televisão alcança o topo de um morro onde pode receber ligações no telefone celular, e é graças ao carro que consegue salvar a vida de um homem — voltaremos a esses temas depois. Mas nesses dois filmes o carro não me parece ter a função estrutural que adquire em outros.

Em *Vida e nada mais*, por exemplo. Dias após o terremoto de 1990, o diretor de *Onde fica a casa do meu amigo?*, interpretado por Farhad Kheradmand, e seu filho Puya partem de carro para a região de Koker em busca das crianças que atuaram nesse filme. O carro é o instrumento dessa procura, sem o qual ela se tornaria impossível; o carro é o eixo narrativo da obra. A esse respeito, Kiarostami conta a seguinte história: "Três dias antes de começarem as filmagens de *Vida e nada mais*, Farhad Kheradmand, escolhido para ser o ator principal, aquele que conduz o carro pelos territórios devastados pelo terremoto, no norte do Irã, me telefona para saber se era verdade que se tratava de um *road movie*. Eu disse: 'Sim, e daí?'. Ele disse: 'Mas eu não sei dirigir...'. E eu disse: 'Pois você tem três dias para aprender...'. Você vê o filme e parece tudo certo. Mas os primeiros dias da filmagem foram inacreditáveis" (Cakoff). Como costuma acontecer, a mesma situação contada por outra pessoa soa ligeiramente diferente: Kheradmand narra que seu amigo Kiarostami fora tirar fotos na sua casa: "Enquanto fazia as fotos, colocou um disco e pediu minha opinião sobre o roteiro de um filme. É bom, respondi, mas será preciso achar alguém que saiba dirigir bem. Ele disse que havia decidido me escolher como ator do filme, que seria *Vida e nada mais*. Expliquei que seria um grande risco, porque eu não sabia dirigir. Ele respondeu que não arriscava nada, se eu não sabia dirigir, iria aprender. E já na manhã seguinte comecei a aprender. Em quinze dias estava pronto para começar. Ele fez novos testes e disse ter ficado bastante satisfeito por me ter descoberto. Precisei me concentrar bastante nas filmagens, pois as câmeras estavam dentro do carro" (Martins, 1995A).

Encontramos nesse filme uma série de características fundamentais da trajetória automobilística em Kiarostami. Um primeiro elemento fundamental: ela nunca se dá em linha reta nem por vias principais. Na estrada asfaltada que leva à região de Koker, lugar das filmagens de *Onde fica a casa do meu amigo?*, um engarrafamento-monstro, com carros esmagados por rochas, interrompe a trajetória; o carro morre e tem que ser empurrado por um guarda. O obstáculo não inviabiliza a trajetória, mas a obriga a reorganizar-se, e o carro passará por estradas vicinais. Os desvios que o motorista deverá seguir o levarão a pedir informações sobre o caminho inúmeras vezes: esse é outro traço característico da trajetória. O motorista desconhece o caminho e precisa dos outros para se orientar, o que lhe permite dialogar com pessoas com quem não se relacionaria, se soubesse o caminho. O mesmo acontece em *Através das oliveiras* quando a senhora Shiva se dirige ao set de filmagem e encontra a estrada obstruída por um monte de tijolos: o obstáculo a obriga a pegar desvios e a perguntar pelo caminho. Mania, em *Dez*, nunca se informa sobre o caminho com transeuntes, porém o assunto entra em discussão com a irmã, sempre insistente em orientar a motorista; com uma velha senhora e duas vezes com o filho, que conheceria melhor do que a mãe o caminho da casa da avó. Na primeira cena de *Close-Up*, o jornalista vai de táxi à casa dos Ahanjah. O taxista pergunta diversas vezes se deve virar à esquerda ou à direita. O jornalista dá informações, mas chega um momento em que, embora consulte um papel, não consegue mais identificar o caminho. Pergunta a dois transeuntes, que não sabem lhe dizer, e enfim uma mulher o informa como chegar à rua Golzar. Chegam, e uma placa informa: rua sem saída. De fato é um beco sem saída, onde felizmente encontra-se a casa procurada. Em *Dez*, por duas vezes Mania indaga se a rua indicada pela passageira não seria sem saída.

Acrescente-se que para chegar a determinado lugar os caminhos podem ser múltiplos. Em *O vento nos levará*, quando o engenheiro se queixa de que a chegada ao vilarejo é árdua, o menino responde que há três ou quatro outras estradas, escolhera aquela por ser a mais curta. Quando lhe pergunta o caminho da escola, fica surpreso com a resposta do menino: "Por aqui e por ali", pois há dois caminhos. O caminho é uma questão de opção.

O contato com pessoas que estão na estrada pode se ampliar: dar carona é outra vantagem oferecida pelo carro. Em *Vida e nada mais*, um velho senhor ou algumas crianças sobem no carro, conversam durante um tempo e descem. Pode ocorrer que a referência de orientação não seja uma pessoa. A caminho da aldeia onde deverão filmar um ritual fúnebre, em *O vento nos levará*, ouvimos os ocupantes do carro dizer que estão guiando a esmo. Eles lêem as instruções e ficam sabendo que depois de um cruzamento encontrarão uma estrada em meandros; identificam a estrada, e em seguida deverão encontrar uma grande árvore isolada num morro. Vêem a árvore: é ela que lhes indica o caminho certo. Em *Vida e nada mais*, a trajetória e suas dificuldades são comentadas nos diálogos. Depois de sair do engarrafamento, Puya, o filho, pergunta ao pai se a estrada que pegaram os "levará a algum lugar", e o pai responde que "provavelmente levará a algum lugar", mas não o especifica. A resposta do pai quase implica que qualquer estrada leva a algum lugar, embora não se saiba qual, o que levanta um problema: "Então o que é uma rua sem saída?", pergunta o filho. Mais tarde, o motorista é informado por uma mulher que só a estrada asfaltada o levará a Koker, justo aquela bloqueada pelo engarrafamento. Então o filho pergunta: "O que vamos fazer?". Resposta do pai: "Vamos encontrar um caminho, só que não sei qual". Ou seja, destino e caminho podem ser desconhecidos, e isso não impede que a trajetória prossiga. Estamos diante de um dos princípios fundamentais da obra de Kiarostami, sobre o qual voltaremos: desconhecendo quer o destino, quer o trajeto, o movimento prossegue — ele nunca se interrompe.

A trajetória pode ter pausas. Para o menino urinar e caçar um gafanhoto, para o motorista descer com a mesma finalidade e encontrar, num arvoredo, um bebê sozinho numa rede, para encontrar pessoas que sobreviveram ao terremoto, para acompanhar até sua casa um velho senhor... A busca não se desenvolve com urgência, de modo frenético; após as interrupções ela prossegue.

Como essa busca é administrada? O diretor de *Onde fica a casa do meu amigo?* propõe-se a ir até a cidadezinha de Koker para saber se as crianças que atuaram no filme sobreviveram ao terremoto. Deseja encontrá-las. Dito assim, é simples. No filme não é tão óbvio. Na primeira cena, ao passar pelo pedágio, o diretor pergunta sobre a estrada e o cobrador responde que na véspera ele tinha feito a mesma pergunta; o motorista objeta que na véspera pretendia ir a Rudbar, mas que, como a estrada estava interrompida em Manjil, voltara. A primeira vez que pára e pergunta o caminho, indaga como ir a Rudbar. Como a resposta é que só podem passar os veículos que levam mantimentos para as vítimas, o filho sugere que mostrem a fotografia dos garotos de *Onde fica a casa do meu amigo?* e digam que estão lhes levando provisões. Após indagar diversas vezes pelo caminho, ele pergunta a mulheres na estrada como ir a Koker: é a primeira vez que o alvo da trajetória é mencionado, e estamos a vinte e seis minutos do início do filme. Ou seja, só quando chegamos a aproximadamente um terço do filme, tomamos conhecimento da finalidade da viagem. Poshteh, cidadezinha próxima de Koker e onde mora um dos meninos, só será mencionada seis minutos mais tarde.

Um pouco depois de perguntar às mulheres o caminho para Koker, o motorista dirige a mesma pergunta a um homem, que informa ter sido Koker inteiramente destruída. O diretor lhe apresenta um pequeno cartaz francês de *Onde fica a casa do meu amigo?*, com a fotografia do menino: o homem o reconhece como ator do filme, mas diz não saber se está vivo. Passaram-se trinta e dois minutos e só agora sabemos o objetivo da busca e conseguimos identificar os garotos em questão.

O gosto de cereja começa com o senhor Badii circulando de carro pela cidade e olhando homens. Em determinado momento, dá carona a um soldado e, após uma conversa inicial, propõe-lhe um *bico* bem remunerado, sem dar mais detalhes. Ao chegar perto de uma árvore, Badii desce do carro e pede que o soldado volte ali no dia seguinte, às seis horas da manhã. Ele estará deitado no buraco cavado ao pé da árvore, e o soldado deverá chamá-lo e, se não houver resposta, jogar umas pás de terra em seu cadáver. A seguir deverá recolher os duzentos mil tomãs que estarão no carro, à disposição dele. Quando Badii revela o objetivo de sua ação — o suicídio —, já se passaram mais de vinte e quatro minutos, ou seja, cerca de um quarto da duração do filme. É muito tempo.

O tratamento da informação é ainda mais surpreendente em *O vento nos levará*. Após hesitações sobre o caminho a seguir, o carro acaba encontrando o menino Farzad, que os ciceroneará no vilarejo. *Os*: são os ocupantes do carro, não sabemos quem são, não os vemos. Eles perguntam a Farzad se seu tio disse por que eles vinham. Ele responde que sim, e promete não revelar a ninguém. "Se alguém te perguntar, diga que viemos procurar um tesouro." Continuamos sem conhecer a finalidade da viagem. Quando chegam à aldeia, o diretor da equipe (único membro da equipe que veremos) pede a Farzad que lhe mostre a casa da velha senhora e pergunta onde fica o cemitério. A insistência do engenheiro em saber da saúde da velha senhora nos leva a intuir que vieram filmar sua morte. Numa de suas andanças pelo vilarejo, o engenheiro dá carona a um homem, que lhe pergunta se vieram filmar a "cerimônia". O engenheiro deduz que foram "denunciados", isto é, que alguém, provavelmente Farzad, revelou o segredo. Após uma discussão sobre a noção de segredo, o homem explica que nessas cerimônias fúnebres as mulheres unham o rosto — até hoje sua mãe tem cicatrizes desses arranhões. Só então tomamos conhecimento do ritual que eles vieram filmar, ou seja, da razão da viagem. Passaram-se mais de cinqüenta e cinco minutos, isto é, quase dois terços do filme.

Kiarostami transmite informações a conta-gotas e mantém seu espectador subinformado: é uma de suas estratégias fundamentais. Jean-Marc Lalanne já o tinha observado: em *Onde fica a casa do meu amigo?*, por causa de uma queda no pátio quando estava saindo da aula, Ahmad fica com o caderno de seu colega Nematzedeh, mas o espectador não o percebe no momento da ação. Ficamos sabendo do engano quando o próprio Ahmad, em sua casa, se dá conta do ocorrido. Nesse caso, a informação do espectador acompanha a do personagem. Mas em *Vida e nada mais*, *O gosto de cereja* ou *O vento nos levará*, os personagens conhecem os motivos de sua ação: o espectador é menos informado que os personagens. De subinformação sistemática ou retardamento da informação há um exemplo notável em *O gosto de cereja*: Badii está contemplando trabalhos de terraplanagem quando um operário lhe pede que saia do lugar. Baddi está no carro, fecha a porta e, olhando em direção da câmera, diz: "Então, não tem outras perguntas?". Uma voz *off* masculina responde: "Não". Com quem ele está falando, quem fala com ele? Seguem-se planos abertos do carro circulando pela paisagem, e continuamos a ouvir *off* a conversa e a desconhecer o interlocutor de Badii. Só quando voltamos ao interior do carro vemos um homem velho: é o taxidermista. Passam-se três minutos e um segundo até sermos informados sobre o interlocutor de Badii. Esses minutos de desinformação, perplexidade e questionamento são estimulantes e podem provocar um prazer real. Como diz Olivier Kohn: "Postergar a informação, modificar retrospectivamente a percepção de uma situação: duas figuras de retórica que Kiarostami usa com virtuosismo".

Adiar a informação, deixar as situações incompletas, não finalizar os enredos — são procedimentos de que Kiarostami se vale tendo em vista a relação do filme com o espectador. Ele multiplica tanto as declarações a respeito desse aspecto que podemos falar de uma *estética relacional*, isto é, uma estética que privilegia o papel do espectador. Os realizadores devem "deixar os filmes inacabados de modo que os espectadores possam completá-los e contribuir com seu próprio imaginário" (Toubiana). "Não acredito num cinema que apresente ao espectador apenas uma versão da realidade. Prefiro oferecer várias interpretações possíveis, de forma que o espectador fique livre para escolher. Já aconteceu de eu encontrar espectadores que tinham mais imaginação do que a que eu mesmo tinha posto nos meus filmes. Gosto que o cinema deixe o espectador livre para interpretar, como se o filme fosse seu" (Jousse e Toubiana). "Todos os filmes deveriam ficar em aberto e fazer perguntas, deixando ao espectador a liberdade de construir sua própria visão. Agir sem se preocupar com essa liberdade implica doutrinar o público" (Ciment e Goudet, 1995). Quando Jean-Luc Nancy pergunta a Kiarostami por que ele reduz o enredo a quase nada, a resposta é: "Não suporto o cinema narrativo. Quanto mais ele conta história e quanto melhor o faz, maior fica minha resistência. O único meio de pensar um novo cinema é dar maior importância ao papel do espectador. Devemos encarar um cinema inacabado e incompleto para que o espectador possa intervir e preencher os vazios, as lacunas.

Ao invés de fazer um filme com estrutura sólida, devemos enfraquecê-la — tendo consciência de que não se deve afugentar o espectador!". Para Kiarostami, a subinformação está diretamente ligada com a liberdade do espectador.

Não apenas os espectadores ficam subinformados, a equipe também. Durante a filmagem de *O vento nos levará*, uma entrevistadora pergunta a Behzad Durani, ator profissional responsável pelo personagem principal, se ele tinha sido informado sobre a cena que acabara de filmar, e ele responde: "Primeiro eu não sabia de nada. Apenas que deveria interpretar um diretor de televisão. Ainda não conheço o roteiro. Mas, à medida que filmamos, começo a compreender". A entrevistadora insiste, perguntando se conhece o personagem, se sabe que tipo de homem ele é. Resposta: "O senhor Kiarostami guarda o segredo. Por mais que eu pergunte, ele não responde. Não me dirá nada antes do fim da filmagem. Não pergunto mais nada, respeito a sua vontade" (Mohara). O fotógrafo de *Vida e nada mais*, Homayun Payvar, comenta seu relacionamento com o diretor: "Trabalhar com Kiarostami não é fácil, porém é muito enriquecedor. Sempre me incomodou o fato de Kiarostami só explicar pela metade o que quer. Mais tarde entendi que é uma atitude de incompletude e de inacabamento que me permitia agir não como um técnico atrás de uma câmera, mas como alguém que tem um papel importante no destino da imagem filmada". É um belo depoimento.

A subinformação não deixa de ser problemática para o espectador: após ler o material de divulgação dos filmes e as sinopses publicadas pela imprensa, o público entra na sala de projeção conhecendo o "enredo" — e raros são os que realmente vivenciam essa parcimoniosa informação dos filmes de Kiarostami, e em conseqüência o seu trabalho sobre o tempo. A desinformação dilata o tempo. Longe do tempo vetorial das narrativas tradicionais, nas quais conhecemos os objetivos dos personagens mas não o resultado de suas ações, o parco conhecimento da razão de ser das ações que vemos os personagens praticar gera como que um tempo sem finalidade, um tempo em meandros, como o espaço da trajetória que não se dá em linha reta e se espalha em pausas e desvios. É uma fonte de prazer, mas também de insegurança — nunca sabemos com certeza o que de fato estamos vendo. A desinformação tem uma função poderosa na relação do espectador com os filmes: como não sabemos por que os personagens agem, prestamos muita atenção a tudo que vemos, a tudo que é dito, já que qualquer detalhe pode nos servir de indício para suprir a falta de informação. De certa forma, entramos, nós também, num processo de busca, e nos associamos à incerteza vivenciada pelos personagens. Se eu tivesse entrado no cinema sabendo de antemão que o projeto do senhor Badii era o suicídio, não teria alcançado uma relação tão intensa e perturbadora com *O gosto de cereja*.

Podemos pensar que tal insegurança se resolverá quando a trajetória e a busca chegarem ao fim. Entretanto não é o que acontece. Numa certa altura de *Vida e nada mais*, Puya diz ao pai que viu um dos meninos de *Onde fica a casa do meu amigo?*, o de olhos verdes. Puya não falou com ele, porém o carro o alcança e o pai lhe dá carona. Pelo menos um dos meninos está vivo, mas ele não sabe do outro, o ator principal do filme. Mais adiante, o motorista pára um homem e lhe mostra a fotografia do menino: o homem o reconhece, acabou de vê-lo, ele estava carregando um aquecedor a óleo e poderão alcançá-lo do outro lado do morro. O motorista parte rapidamente, o menino está vivo. O carro passa por dois garotos que carregam um fardo, e o motorista lhes dá carona. Ao mostrar a fotografia, um deles reconhece o ator de *Onde fica a casa do meu amigo?*. O diretor pergunta se não o viu carregando um aquecedor. O garoto responde que não, quem está carregando um aquecedor são eles. Dúvida crucial: o homem que informou ter visto o menino carregando um aquecedor teria se confundido? Pode ser que sim, pode ser que não, essa pergunta não será respondida. Da mesma forma não saberemos com certeza se o senhor Badii foi bem-sucedido em sua tentativa de suicídio (Kiarostami pensa que sim, críticos acham que a questão ficou em aberto). Quanto ao ritual fúnebre de *O vento nos levará,* não será nem visto nem filmado.

Mas prossegue a trajetória de *Vida e nada mais* em direção a Koker. O motorista é informado de que terá de subir uma ladeira íngreme sem deixar o carro parar. Após chegar quase ao topo da ladeira, o carro morre e desce de ré até o pé do morro. Desanimado, o motorista quase desiste, porém um andarilho aparece e o ajuda a posicionar o carro, que poderá tentar subir de novo — esse é o início do admirável plano final. O carro recomeça a subida, o andarilho já chegou ao topo e agora anda pela estrada plana, o carro alcança o topo, pega a estrada plana, dá carona ao homem, continua e desaparece numa curva. Sobre a paisagem entram os créditos finais. E a chegada a Koker?

> Essa forma — viagem em busca de um desaparecido — parece ter alguma freqüência na narrativa contemporânea e sensibilizar leitores e espectadores. É a estrutura que sustenta romances de sucesso como *Noturno indiano,* de Antonio Tabucchi, e *Mongólia,* de Bernardo Carvalho. Ambos relatam a busca de uma pessoa que sumiu, obrigando o personagem a reconstituir e/ou refazer o trajeto provável do desaparecido. Com freqüência o texto vem acompanhado de dados cuja função é conferir à narrativa algum caráter do-

cumentário — e que podem ser considerados *índices de realidade*. *Mongólia* abre com um mapa do país, onde foram traçados o percurso do personagem desaparecido e o de quem o procura. *Noturno indiano* é precedido por um "repertório dos lugares evocados neste livro", que fornece inclusive endereços.

Essa estrutura pode ser trabalhada de diversas maneiras. Enquanto o romance de Tabucchi é um relato de viagem na primeira pessoa do singular, Carvalho constrói uma complexa engrenagem narrativa, cheia de mediações. Mas ambos têm um narrador principal que orquestra narradores secundários, os quais podem ter menor (Tabucchi) ou maior (Carvalho) autonomia literária. O mesmo ocorre em filmes como *Um passaporte húngaro*, de Sandra Kogut (que está em busca não de uma pessoa, mas de um passaporte) e *33*, de Kiko Goifman. Todas essas obras narram buscas que se desenvolvem no presente mas lidam necessariamente com o passado — razão pela qual recorrem a arquivos (diários, correspondência, listas, catálogos, registros) e à memória de pessoas/personagens, daí a necessidade de multiplicar os narradores, que devem apelar às suas lembranças.

Esse objetivo que levamos tanto tempo para entender — ir a Koker e encontrar o menino, vivo — não é alcançado, ou melhor, fica em suspenso. Não há resposta, positiva ou negativa, nem sobre Koker, nem sobre o menino. Podemos aqui falar de outro princípio de Kiarostami: o princípio de incompletude. Sempre falta algo para que possamos firmar os pés num chão seguro. O que fica não é a resposta a alguma indagação, a resolução de algum problema, mas o não-saber, a hipótese, a possibilidade, a dúvida. A certeza, nunca. O que fica é o movimento que se desenrola no tempo, não a sua finalidade. O que importa na busca é o seu dinamismo, não o seu objetivo. Entendemos, então, como nesse quadro uma rua sem saída pode ser angustiante: ela fecha o espaço, interrompe o movimento. Quando Puya pergunta ao pai o que é uma rua sem saída, este, que vinha dialogando com o filho sobre o caminho, não responde e, com o rosto tenso, continua guiando. A pergunta de Puya encerra o diálogo. O mundo de Kiarostami não se fecha sobre si mesmo.

Essa incompletude não se verifica apenas na subinformação e nos finais inconclusivos. Alguns exemplos mostrarão outros modos de Kiarostami trabalhar a suspensão.

Como ele trata um copo de água? O motorista de *Vida e nada mais* dá carona a um velho que carrega um fardo. Quando o homem desce do carro, o motorista lhe pergunta se não teria um pouco de água para o menino. O velho responde que sim. Conversando, os dois se encaminham para a casa do velho. Na varanda do primeiro andar, o velho diz estar à procura de uma caneca para servir água ao menino, e uma mulher lhe entrega uma. O velho a enche de água, desce a escada em direção ao pai e pergunta onde está o menino que queria água. O pai responde que deve estar por perto e diz ao velho que quer conversar com ele. O velho senta-se e põe a caneca a seu lado. Passamos para Puya, que caminha pelos escombros. Ele vê uma torneira, uma mulher o informa que a água é da fonte, o menino pergunta por que está saindo do cano, a mulher responde que "nós assentamos canos na fonte". Puya bebe e ouve o pai, que de longe lhe pergunta onde está. O menino responde estar "aqui", tomando água. Passamos para o pai, que grita a Puya que não vá muito longe. O pai fica olhando uma casa destruída e observa a movimentação das pessoas. Afasta-se um pouco, vê uma torneira, pergunta se a água é potável. Uma mulher que não vemos responde que a água é da fonte, ele então pergunta por que ela sai do cano, a mulher diz que "instalaram esse sistema". O pai toma a água da torneira. Entre a descida do carro e o momento em que o pai bebe, o assunto *água* espalhou-se por um pouco mais de cinco minutos — cinematograficamente falando, é muito tempo. A ação do velho enchendo a caneca foi inútil, ou melhor, sem conseqüência, sem prosseguimento. Além disso, a ação anunciada pelo pai, quando diz ao velho que queria conversar, não teve desenvolvimento. Não só não falaram como o velho nunca reaparecerá no filme. Essas ações que se distendem e são entrecortadas por outras, essas ações que ficam em aberto, são características do estilo de Kiarostami. Contribuem para dar essa impressão de um mundo não coeso, onde os elementos não se articulam com precisão entre si, as relações de causa e efeito se esfarrapam, prever não é possível, reinam instabilidade e incerteza.

Ulrich, o homem sem qualidades, reflete: "No campo os deuses ainda descem até os homens — pensou ele —, a gente é alguém e vive as coisas, mas na cidade, onde há mil vezes mais acontecimentos, não somos mais capazes de relacioná-los conosco: assim começa a crescente abstração da vida de que tanto se fala [...] Ocorreu-lhe que a lei desta vida, pela qual ansiamos quando ficamos sobrecarregados de tarefas mas sonhamos com a simplicidade, não era senão a lei da narrativa clássica! Aquela ordem simples que permite dizer: Depois de isso acontecer, aconteceu aquilo! É a sucessão pura e simples, a reprodução da arrebatadora multiplicidade da vida numa forma unidimensional, como diria um matemático, e isso nos tranqüiliza; o enfileiramento de tudo o que acontece no tempo e no espaço, em um só fio, aquele famoso fio da narrativa, com o qual acabamos por confundir o fio da vida. Sorte daquele que pode dizer quando, antes que e depois que! Pode lhe ter acontecido coisa ruim, ou ele talvez se tenha contorcido de dor: assim que for capaz de reproduzir os acontecimentos na seqüência temporal de seu curso, sentir-se-á bem como se o sol lhe dourasse a barriga. É isso que o romance utilizou artificialmente: o viajante pode cavalgar por uma estrada aberta sob uma chuva intensa ou ranger os pés na neve a vinte graus abaixo de zero, mas o leitor sente-se confortável, e isso seria difícil de entender, se esse eterno artifício da arte narrativa, com a qual já as amas-de-leite acalmam as criancinhas, esse eficiente *encurtamento em perspectiva da razão*, já não fizesse parte da própria vida. No relacionamento básico com si mesmos, a maioria dos homens são contadores de histórias [...] preferem a sucessão ordenada dos fatos, porque parece necessária, e,

> com isso, a impressão de que suas vidas têm um curso protege-os de alguma forma no caos. Ulrich percebeu então que perdera o sentido dessa narrativa primitiva a que a vida pessoal ainda se agarra, embora tudo, na vida pública, já se tenha tornado inenarrável e não siga mais fio algum, estendendo-se, pelo contrário, numa superfície infinitamente intrincada."
>
> Robert Musil

Vejamos outro exemplo, desta vez o tratamento do espaço, numa cena escolhida em *O vento nos levará*. O diretor de TV chega à casa de chá. Daí a pouco, a dona esbraveja contra um homem que estacionou o carro diante da casa, porque isso a faz perder clientes: os clientes engolem fumaça em vez de chá. O diretor fica observando. O homem pergunta onde poderia estacionar. A mulher lhe indica um lugar mais apropriado. O homem resolve deixar o carro onde está. A mulher retruca que ele não tem esse direito, aquele é o território dela. Um velho que estava por ali se intromete, pede à mulher que deixe o outro em paz e cuide de sua vida. Segue-se um bate-boca entre a mulher, cujo trabalho não está sendo reconhecido, e o velho, o qual argumenta que trabalho mesmo é o que fazem os homens no campo. Durante o bate-boca o diretor tenta tirar uma foto, porém a mulher o impede. Até aí nada de mais. O que interessa é que o homem que estaciona não é mostrado, tampouco o carro. Kiarostami filma apenas o lado da casa de chá com o cineasta, a mulher, o velho. Mas não faz um contracampo sobre o carro e o homem interpelado, de quem apenas ouvimos a voz. Sobre essa forma de filmar, tão freqüente em seus filmes, Kiarostami se explicou: "Não consigo entender o cinema que se baseia no campo-contracampo" (Goudet, 1999). O que ele não consegue entender? O campo mostra um interlocutor que se dirige a outro; o contracampo mostra o outro, ouvindo ou respondendo, ou seja, primeiro apresenta-se o espaço onde está um personagem, e, no plano seguinte, o espaço para o qual olha e onde está o outro a quem se dirige — o espaço se fecha sobre si mesmo. Provavelmente seja isto o que Kiarostami não aceita: o fechamento do espaço. Ele, que sempre procura, pelo contrário, o aberto, o inconcluso. Não se pode, contudo, afirmar que essa forma tradicional de montagem tenha sido abolida de todo em seus filmes. Em *Vida e nada mais*, *O gosto de cereja* e *Dez*, ele preserva o *pingue-pongue* que faz alternar planos de dois interlocutores, mas sempre em situações de diálogo. Vejamos como Kiarostami trabalha um campo-contracampo em *Vida e nada mais*: Puya pede ao pai para "ir ao banheiro". O carro pára. De dentro do carro, ou seja, aproximadamente do ponto de vista do pai, vemos Puya se afastar e preparar-se para abrir a braguilha; ele se vira e percebe que está sendo observado, então, acompanhado por uma panorâmica, desloca-se até uma árvore fininha atrás da qual "se esconde". Passamos para o pai, que olha o menino e sorri de sua ingenuidade. Logo a seguir, o pai observa algo, e vemos o que ele vê: Puya acabou de urinar e, acompanhado por uma panorâmica, portanto pelo olhar do pai, corre pelo descampado à caça de — saberemos quando ele voltar ao carro — um gafanhoto. Temos aqui um campo-contracampo convencional. No entanto, o que faz Kiarostami no lugar do meu *logo a seguir*? O pai, que estava sorrindo do filho, fecha o sorriso, vira o rosto para o outro lado da estrada, abaixa o vidro; vemos então o que ele está observando: um campo aberto; retornamos ao pai, que volta a olhar em direção do filho. Essa ação do pai e o plano do outro lado da estrada não enriquecem muito a narrativa, apenas dilatam ligeiramente o tempo. Mas para Kiarostami acrescentam muito: o campo-contracampo fecharia o espaço pai-filho, enquanto a montagem escolhida abre o espaço, areja o campo-contracampo. Para não fechar o espaço, Kiarostami se vale também de outros procedimentos. Em várias cenas de carro, quando o veículo vai da esquerda para a direita da tela, a câmera focaliza a janela do motorista e vemos a paisagem desfilar da direita para a esquerda, em seguida passa a focalizar a janela do passageiro e a paisagem desfila em sentido inverso (em termos técnicos: há um pulo do eixo). Em *O vento nos levará*, Behzad ouve o celular tocar e o atende. A comunicação está ruim, ele grita que vai subir (em cima do morro) para melhorar a ligação; por duas vezes, ao dizer que vai subir, de fato ele desce (por exemplo, quando desce a escada para alcançar o carro com o qual vai subir). Esses e outros recursos (como os vilarejos e casarios labirínticos de Poshteh em *Onde fica a casa do meu amigo?* e de Vale Negro em *O vento nos levará*) fazem com que as coordenadas espaciais nunca pareçam solidamente configuradas. O espaço provoca uma sensação de instabilidade.

Essa abertura do espaço pode ainda ser conseguida com recursos sonoros. Com freqüência Kiarostami apresenta um plano aberto com o carro perdido na paisagem, enquanto o diálogo entre os ocupantes do veículo nos chega em primeiro plano sonoro: não há coincidência entre o tratamento da imagem e o do som. Ou então, com a câmera dentro do carro filmando a paisagem, ouvimos a conversa dos ocupantes, que nunca vemos. Esses procedimentos são retomados em todos os filmes em que o carro é instrumento de busca. Outro exemplo sonoro: no decorrer de *Vida e nada mais* ouvimos muitas vezes ruídos de helicóptero. É compreensível que helicópteros sobrevoem a região abalada pelo terremoto, mas no filme não aparece nenhum. A dissociação entre som e imagem é uma das bases da poética de Kiarostami:

"Embora estejamos vinculados à realidade, me parece que o primeiro passo para chegar ao cinema [que eu faço] consiste em quebrar essa realidade. Minha voz me pertence quando falo, a sincronização da minha voz com a minha imagem afirma minha realidade. Mas extrair ou separar o som da imagem nos aproxima de uma significação nova, que é a própria estética do cinema [...] Na prática, separamos as coisas e, com um novo ordenamento, obtemos uma coisa nova, diferente da realidade habitual" (*10 on Ten*).

Esse conjunto de traços estilísticos dá a impressão de improviso, de que se filmou o que se apresentava, ao acaso. *Vida e nada mais* com certeza tinha um ponto de partida: ir a Koker logo após o terremoto e tentar encontrar as crianças — e se registrou a viagem. Foi a minha impressão — e não só minha — quando vi o filme pela primeira vez. Como se Kiarostami tivesse rapidamente conseguido negativos e partido logo depois para filmar e não perder a atualidade do terremoto e de suas conseqüências. E foi de fato o que ele fez: "Quando o terremoto ocorreu, em 1990, fui ao local com meu filho, três dias depois — exatamente como no filme —, para saber se as crianças de meu filme precedente, *Onde fica a casa do meu amigo?*, ainda estavam vivas. Porque é nessa região que elas moravam, e eu estava muito inquieto com elas. Fiz uma viagem de um dia, saí de manhã e voltei à noite" (Piazzo e Richard). Sobre a filmagem de *Vida e nada mais*, Kiarostami também informa: "Filmei uma parte cinco meses depois, e outra onze meses depois". Essa declaração feita a Laurence Giavarini e Thierry Jousse motivou a seguinte pergunta: "*Vida e nada mais* é, portanto, ficção pura?", na qual intuo algum espanto por parte dos entrevistadores, que provavelmente pensavam tratar-se da documentação da viagem. E Kiarostami prossegue: "Posso assegurar-lhes que [meu filme] não contém nenhuma parte documentária, pois, durante as primeiras viagens [como sempre as declarações de Kiarostami são imprecisas, ora é uma viagem, ora mais de uma], não tinha nenhuma câmera comigo. Portanto, foi tudo reconstituição, mas com aparência documentária. Até a cena do engarrafamento foi reconstituída". O caráter documentário do filme foi a princípio aceito não como aparência, e sim como fato real. Esse é um ponto crucial da poética de Kiarostami: nunca sabemos ao certo o que estamos vendo, questão que reencontraremos mais adiante. *Vida e nada mais* não é o filme da viagem a Koker em busca dos meninos, é o filme da reconstituição da viagem, que retoma não só o percurso da viagem original (?) como a experiência afetiva vivenciada por Kiarostami: "A finalidade do filme consiste em mostrar o que vivenciei durante essa viagem, é toda a minha experiência" (Piazzo e Richard).

A postura de Sandra Kogut (*Um passaporte húngaro*) e Kiko Goifman (*33*) é diferente da de Kiarostami: enquanto ele reelabora uma experiência original em forma de ficção à qual dá um caráter de documentário, eles registram em forma de documentário uma experiência original à qual dão um aspecto de ficção.

Sandra Kogut, brasileira descendente de húngaros, relata sua tentativa de obter um passaporte húngaro. Todas as operações necessárias para essa finalidade são simultâneas às filmagens. Ou seja, quando começa a filmar, há uma dupla intenção — obter o passaporte e fazer um filme —, contudo ignora-se o resultado do processo e as etapas a serem percorridas. A filmagem contém uma incógnita, ela se rege não pela previsão, mas pelo princípio de incerteza; ao passo que na montagem já se sabe qual foi o resultado — o que diferencia nitidamente essas duas fases da realização do filme. Em carta ao autor, Sandra Kogut comenta seu método de trabalho: "Deixei para fazer a pesquisa ao mesmo tempo em que já estava fazendo o filme [...] Não gosto da separação entre preparação e filmagem, gosto de ir experimentando o filme à medida em que ele se constrói [...] Gosto de não saber direito onde vai dar". Os encontros entre a diretora e os diplomatas e funcionários com que teve de manter contato ocorrem em função da câmera: "Acredito que quanto mais explícita for a *mise-en-scène*, mais naturais as situações podem ser, porque fica mais claro para ambos (tanto para mim quanto para as pessoas que estou filmando) que estamos num filme". *Um passaporte húngaro* não é "um filme de depoimentos. Em nenhum momento ninguém sai da estória para analisar nada como se estivesse de fora. Quando as pessoas contam alguma coisa, isso sempre está em relação com a situação que elas estão vivendo naquele momento". Portanto, "é um filme de situações", em que temos um personagem principal com um objetivo a ser alcançado e personagens secundários. Estamos muito perto da ficção.

"Não existe diferença entre documentário e ficção, é sempre uma questão de *mise-en-scène*", escreve Sandra Kogut. Ocorre que o personagem principal é a própria diretora, que assim acumula quatro funções: diretora, pessoa que luta por um passaporte, essa pessoa transformada em personagem do filme, e a atriz que interpreta. A atriz não sabe ao certo a evolução do seu personagem, já que na filmagem não se pode prever precisamente como os fatos vão se desenrolar. "Eu usei de mim mesma como um diretor *usaria* um ator, um personagem [...] Como uma atriz, a quem o diretor não dá todas as informações para que ela *entre* mais facilmente no personagem. Mas só que era eu mesma fazendo isso comigo." A imprevisibilidade não deixa a filmagem ao acaso: "Não existe essa coisa de espontaneidade [...] não é por não sabermos onde o filme vai dar que as coisas são menos construídas [...] Durante a filmagem eu estou o tempo todo pensando na montagem, escrevendo o filme na minha cabeça, juntando e separando, preparando". Apesar dessa *preparação*, a montagem é outra etapa, pois a partir do copião se poderiam realizar diversos filmes: "Na montagem não existe mais esse suspense [de não saber onde vai dar], mas existe o desconhecido total [...] o desconhecido do próprio filme. Ao montar esse filme eu passei ao largo de vários outros, e tive que jogar outros tantos no lixo". Novas opções, portanto, devem ser feitas na montagem. E não é só isso: "Momentos que foram importantes na filmagem podem ser excluídos na montagem — uma seqüência pode ser fortíssima, mas não ter espaço no filme — ou tomar um sentido totalmente diferente quando confrontados a outras seqüências", escreve Sandra Kogut. O que me parece importante observar é que a seleção de material e sua significação não dependem de sua importância e significação no processo de obter o passaporte, decorrem, sim, da coerência do filme montado. Estamos longe do cinema documentário como se costuma entendê-lo, já que o filme não se atém às significações do processo real. Tampouco estamos propriamente na ficção, já que todo o material montado provém da documentação de um processo real que levou uma pessoa, a própria realizadora, a obter um passaporte.

Em *33*, Kiko Goifman, filho adotivo, relata a busca de sua mãe biológica. Tanto no trailer como no filme, *33* é qualificado de documentário. A questão não é tão simples. Uma citação de Dashiell Hammett como epígrafe e entrevistas com vários detetives particulares relacionam o filme com a literatura policial, e imagens noturnas de cidade, com asfalto molhado pela chuva, ligam-no ao gênero *film noir* americano. Uma questão íntima fica assim mediada por gêneros bem codificados da indústria cultural, diluindo as fronteiras entre esta e a subjetividade. Num programa de televisão inserido no filme, Goifman declara que esse documentário, que usa sua história pessoal "como mote", desperta o interesse das pessoas "por essa mistura de realidade e ficção". As pessoas em questão são os leitores do diário on-line que acompanhou o processo cotidiano de busca e as filmagens. Nos e-mails endereçados ao realizador, eles elogiam Goifman pela coragem de se "desnudar" em público e manifestam, em relação ao desenvolvimento dos fatos, uma expectativa típica de leitores de romance e espectadores de ficção televisiva: "Não consigo determinar o que [seu projeto] é exatamente [...] pode até ser mentira. Ou simplesmente ficção"; "Na verdade, ficção e realidade parecem estar misturadas"; o diário se lê "como um livro policial [...] sem parar pra respirar"; "Parece que estou lendo os folhetins que o Nelson Rodrigues publicava nos jornais sob o pseudônimo de Suzana Flag"; "Fico superinteressada, com aquela sensação de novela transmitida na vida real". Embora em linhas gerais o filme siga as etapas do processo de busca, infrações não deixaram de ser cometidas em função da dinâmica narrativa do filme. Por exemplo, a entrevista com a babá cartomante que lhe prediz o futuro foi realizada nos primeiros dias de filmagem, mas foi montada quase no fim do filme. E nesse filme na primeira pessoa do singular, em que se fundem a pessoa em busca da mãe biológica, o diretor, o ator e o personagem, de repente aparece na locução em *off* uma surpreendente terceira pessoa: "Kiko recebe um cartão profissional com o sobrenome de uma família que havia morado no prédio onde ele foi adotado, há trinta e três anos". Quase no mesmo momento surge numa tela de computador a reação ao recebimento do cartão: "Me arrepiei e comecei a chorar". Essa mescla de primeira e terceira pessoas sugere a oscilação entre realidade e ficção. Outro procedimento bastante característico da ficção é a importância de alguns personagens secundários na caracterização do personagem principal.

Embora trate de uma questão pessoal delicada, *33*, assim como *Um passaporte húngaro*, é emocionalmente contido, dando às vezes a impressão de que o caráter ficcional protege a intimidade do realizador. No diário on-line, Goifman se manifestou sobre isso ao comentar um programa de TV em que um filho procura sua mãe: "A pieguice da música, o jornalista que narrava tudo com tom baixo e sereno, a falsidade das emoções e o abraço com choro. Odeio isso. Sei que trabalho com um objeto emotivo. E é essa impossibilidade de um distanciamento que vem me fascinando. Mas prometo aos leitores que no documentário tentarei fazer o inverso". E fez. Tal discrição acabou conferindo ao detetive Gama a tarefa de expor as contradições em que se encontrava a pessoa de Kiko em relação a seu projeto: "Acho que você primeiro tem que fazer o seguinte, Kiko: ver se realmente é isso que você quer [...] Tem que primeiro tirar dúvidas suas [...] Cê tá procurando sua mãe, mas tá com receio de perder outra mãe. Cê se propôs a um objetivo, mas tá em dúvida ainda". E o personagem acusa o baque: "Gama me ofereceu uma cerveja. Recusei porque com mais cinco minutos ele acabaria comigo".

A exposição controlada da vida pessoal tem limite, expresso na última frase de *33*: "Se a procura por acaso continuar, não será mais pública". Essa ficcionalização/espectacularização da vida pessoal integra o que Lucas Bambozzi chama de "síndrome de realidade": realidade, ficção, pouco importa, desde que não se saiba exatamente se é uma ou outra, desde que a realidade tenha uma forma de ficção, desde que a ficção tenha uma cara de realidade. Essa "síndrome" vai muito além dos projetos experimentais de Sandra Kogut e Kiko Goifman, abarca *reality shows* e campanhas publicitárias. Dessa tendência constituem excelente exemplo os filmes da agência W/Brasil produzidos para o Unibanco, nos quais personalidades como Debora Bloch ou Paulo Coelho fazem/simulam pronunciamentos "pessoais". Num deles — em que encontramos fotografia de infância, entrevistas, cenas domésticas e um quê de captado ao vivo proporcionado pela montagem, pela fotografia e por momentos de dessincronização entre fala e imagem — ouvimos Regina Duarte dizer: "Atriz desde menina. É claro que nasci fantasiando, andava pelo quintal representando, falando comigo mesma. Para fazer isso como objetivo na vida, tem que ter muita disciplina, dedicação. E eu preciso de tempo para isso. Cilene [a camareira] me ajuda em casa, me assessora, divide comigo uma série de tarefas desse cotidiano, sabe. O meu gerente Uniclass cuida da parte financeira, resolve, compara, me explica. Eu ponho minha energia no meu mundo de fantasias e imaginação para servir meus personagens. Meu gerente Uniclass põe toda a energia dele em cuidar dos meus interesses [...]".

CIRCUNVOLUÇÕES

Por mais que a trajetória de *Vida e nada mais* não seja retilínea, não se complete, e inclua marcha a ré e desvios — assim mesmo há uma progressão no espaço em direção a Koker. Mas a trajetória pode assumir também outras formas, ser feita a pé, se dar quase em círculos, como em *Onde fica a casa do meu amigo?*.

Saindo da aula, Mohammad Reza Nematzedeh cai, seu colega Ahmad o ajuda a catar suas coisas esparramadas pelo chão. Em casa, Ahmad percebe que ficou com o caderno do colega. Apesar da oposição da mãe, aproveita que ela o manda comprar pão e vai a Poshteh, que fica bastante longe de Koker, onde mora. Com a finalidade de devolver o caderno, ainda mais que Nematzedeh já fez várias vezes sua lição de casa em folha solta e o professor ameaçou expulsá-lo caso isso se repetisse. Ahmad inicia sua viagem, sai de Koker; seu avô, que estava sentado numa rua, estranha. O menino sobe o caminho em ziguezague de um morro que tem uma árvore isolada no topo. Passa por um arvoredo e chega a Poshteh sem saber onde fica a casa de seu amigo. Hesita, pergunta, ninguém sabe informá-lo. Acaba chegando a uma casa que é de um primo de Mohammad Reza, mas a vizinha informa que ele acabou de sair para Koker. Com a esperança de encontrar esse primo, Ahmad sai correndo, passa pelo mesmo arvoredo que tinha atravessado ao chegar, desce o morro com a árvore isolada: um anel se fechou.

Ahmad está de novo na rua onde descansa o avô. Ouvindo a conversa de um homem que quer vender portas, fica sabendo que ele se chama Nematzedeh e pergunta se é o pai de Mohammad. O homem nem toma conhecimento e sai com sua mula rumo a Poshteh. Ahmad corre atrás dele, passa pelo mesmo morro com o caminho em ziguezague (portanto, pela terceira vez), pelo arvoredo, e chega ao vilarejo. Cai, perde a mula de vista, reencontra-a e alcança a casa do homem. Aí um menino lhe recomenda ir até uma ferraria, à qual, após hesitações e enganos, consegue chegar. O velho ferreiro se dispõe a acompanhá-lo. Caminham, mas Ahmad fica impaciente porque o velho anda devagar. O homem faz uma pausa e indica a casa de Mohammad. Quando Ahmad chega a uma porta, começa uma tempestade com trovoadas e ventania. Olha a porta da casa tão procurada e... volta. O velho pergunta se devolveu o caderno, se bateu à porta. Ahmad não responde. Inicia-se então o caminho de volta para a casa do velho: mais um anel se fecha. Reencontraremos Ahmad em sua casa, ele não devolveu o caderno ao amigo.

Por desenhar circunvoluções, a trajetória da busca em *O gosto de cereja* apresenta semelhanças com a de *Onde fica a casa do meu amigo?*. O senhor Badii não procura um lugar, como em *Onde fica a casa do meu amigo?* e *Vida e nada mais*, mas uma pessoa que possa cumprir o ritual fúnebre após seu suicídio. No início da trajetória, de dentro de seu carro, Badii fica olhando homens, o que dá a impressão de paquera homossexual.

> A possível homossexualidade do senhor Badii, personagem principal de *O gosto de cereja*, parece ter perturbado a crítica. Constantine Santas não menciona a questão na sua aprofundada análise do filme. Outros se referem a ela para logo desconsiderá-la ou eliminá-la. Por exemplo, Alberto Elena pensa que a abertura do filme "introduz maliciosamente algumas insinuações de caráter sexual, logo descartadas"; Jean-Louis Leutrat escreve que, no início, "tudo leva a pensar que esse homem está em busca de uma boa aventura homossexual. Quando o verdadeiro motivo da paquera é anunciado, o espectador passa de um incômodo a outro"; Hervé Aubron: "O lunático personagem de *O gosto de cereja*

será assim suspeito de ser homossexual pelo jovem soldado (com razão ou não, pouco importa)"; Hormuz Kéy também trata a questão como um mal-entendido: Badii "aproxima-se de um rapaz que, pensando tratar-se de um homossexual, o insulta e o exorta a chispar na hora"; Youssef Ishaghpour: "É um mundo apenas de homens [...] O que gera alguma coisa duvidosa nos primeiros olhares do senhor Badii sobre os operários. A ponto de se poder acreditar — como acontece com a primeira pessoa de quem ele se aproxima — que se trata de paquera, ou até mesmo de prostituição homossexual. O incômodo prossegue enquanto o senhor Baddi não pára de falar, ao jovem soldado intimidado e apreensivo, a respeito de um trabalho, nada preciso. Propõe-lhe em troca um pagamento vultoso. Esse incômodo provém da própria ambigüidade do pedido [...] Daí essa coisa escondida, marginal, perversa, que matiza o filme desde o início". Inácio Araujo (1997B) dá um corajoso passo adiante, interrogando-se sobre as intenções do diretor: "Vistas assim as coisas, parece uma paquera entre homossexuais, e não é nem de longe impossível que Kiarostami tenha procurado significar isso mesmo: o homem que quer se matar é um homossexual. E toca dois interditos sérios da crença islâmica: homossexualidade e suicídio". Porém os únicos, que eu saiba, que abordaram diretamente a questão com o próprio Kiarostami foram Michel Ciment e Stéphane Goudet (1997), formulando a pergunta da seguinte forma: "O senhor surpreendeu-se com o fato de a primeira meia hora do filme ter sido interpretada algumas vezes como se apresentasse uma paquera homossexual?". Ao que ele responde: "Claro que foi intencional produzir essa impressão. Esses subentendidos um pouco viciosos me pareciam interessantes. Gosto muito de crianças. Tenho muito prazer em conversar com elas. Mas sei que alguém vendo isso de fora pode se equivocar completamente sobre os propósitos de nossas conversas. Agrada-me induzir o espectador em erro dessa forma, e confrontá-lo com a sua própria perversão, seus próprios fantasmas". Portanto, já que o diretor o admite, não havia por que ficar pisando em ovos.

A dúvida homossexual não permeia apenas a primeira meia hora, atravessa o filme como um todo, nem que seja pelo fato de Badii nunca exteriorizar os motivos que o levam a querer se suicidar. Aliás, deve-se notar a excepcional construção do personagem, pois a ausência de explicações e de qualquer análise psicológica canaliza toda a reflexão sobre a decisão de Badii, sobre seu direito moral e religioso de praticar o suicídio.

Mas esse não-dito não elimina a questão que, no meu entender, se não se resolve pelo menos se esclarece no tão contestado epílogo. Este, realizado em digital, portanto com uma textura diferente da do restante do filme, apresenta o *making of* de um plano do filme. Pelo menos é o que parece. O plano em questão é situado quando Badii retoma sua trajetória, logo após a fuga do soldadinho: gritos ritmados chamam sua atenção, e em seguida ele vê um pelotão marchar em direção à estrada onde está. O assunto remete à conversa entre Badii e o soldado sobre o serviço militar, e também já fomos informados de que o quartel fica perto. No *making of* vemos soldados marchando em sentido oposto ao do plano, e em seguida o diretor em pessoa anuncia que a filmagem foi concluída e manda interromper a ação. Ao som de "St. James Infirmary Blues", de Joe Primrose, tocada por Louis Armstrong, música fúnebre mas alegre e sensual, alguns soldados sentam-se para descansar, outros passeiam e brincam com flores. No entanto o epílogo não é o *making of* do plano dos soldados (mais uma vez), pela simples razão de que todo o filme se ambienta no outono — com verdes e amarelos murchos e cores de terra, incluindo o figurino de Badii —, enquanto o epílogo mostra uma verdejante natureza primaveril. Então qual poderia ser a razão dessa coda, se nem *making of* é?

Se algum dia eu pudesse atingir o descanso,
chegar enfim ao termo desta longa viagem.
Se algum dia, da mais árida paisagem,
brotasse enfim, com força, o verde da espe-
[*rança.*
Omar Khayyâm
(trad. do francês por JCB)

Eu responderia: é uma dádiva que Kiarostami oferece a Badii. Esse senhor que quer se matar e nunca revela seus motivos, comenta, durante a conversa com o soldado: "Quando fazia meu serviço militar, a gente se divertia bastante. Foi o melhor período da minha vida. Encontrei meus melhores amigos. Principalmente durante os seis primeiros meses". Pouco depois, Badii pergunta se o soldado o considera um amigo; após hesitação e a contragosto, ele responde que sim. Ishaghpour comenta que "a vida [do personagem] deve ter sido bem difícil para que a lembrança do serviço militar lhe volte à memória como o único momento feliz de sua existência". Talvez não seja essa a visão de Badii a respeito da amizade com seus colegas soldados. Após o suicídio, Kiarostami lhe oferece o epílogo que evoca o serviço militar, um breve momento de felicidade. É um gesto de generosidade, de amizade, ou mesmo de amor para com o senhor Badii.

Um lugar quieto, um terno amigo
servindo um vinho de rubi
Ah, coração, sou eu que digo
quanta alegria sinto aqui

Hâfez
(trad. do francês por JCB)

No documentário de Jean-Pierre Limosin, *Abbas Kiarostami, Vérités et songes,* Kiarostami diz que o tema da amizade "está no coração de nossa sociedade. Não é apenas fruto de nossa imaginação. É também o que testemunham a literatura e a poesia iranianas, que não exprimem senão isso. Hâfez diz que bons momentos são os passados com o amigo. O resto não é senão ausência e infertilidade. Pedi a meu filho uma definição de amor. Ele me respondeu que o amor é amar imensamente. Eu gostei realmente muito. Quando amamos muito, isso se transforma em amor. Pode acontecer entre pessoas do mesmo sexo".

A seguir Badii encontra um soldado na estrada e lhe pede que suba no carro. Prometendo trazê-lo de volta a tempo de assumir suas funções no quartel, consegue controlar a impaciência do rapaz, que estranha a conversa. Badii o leva até uma árvore, magricela e amarelecida, ao pé da qual foi cavado um buraco. O soldado foge. Mais tarde, num gigantesco canteiro de obras, Badii tenta convencer um segurança a dar um passeio de carro com ele, em vão. Por que Badii não propõe o seu pacto ao segurança, com quem conversa bastante? Porque, acredito, uma conversa daquele teor só pode ocorrer dentro do carro. Um seminarista afegão, amigo do segurança, aceita o convite do passeio, e Badii o leva até a árvore — trata-se, portanto, da segunda ida ao mesmo lugar. O seminarista vê o buraco e não aceita a proposta de Badii, que o leva de volta ao canteiro onde o pegou: fecha-se o anel do seminarista. Mais tarde, Badii conversa no carro com Bagheri, um taxidermista, que acabará aceitando a proposta. Em determinado momento, Bagheri lhe pede que vire à esquerda; Badii retruca que não conhece aquela estrada, mas Bagheri lhe assegura que, embora mais longo, é um caminho mais bonito, e continua a orientar o trajeto. Badii não o leva à árvore, e sim ao Museu de História Natural, onde Bagheri trabalha. Badii prossegue viagem, porém, para firmar o pacto definitivo com Bagheri, faz meia-volta e retorna ao museu: mais um anel. No fim do filme, Badii sai de seu apartamento e se dirige à árvore, aonde chegamos pela terceira e última vez, quando ele deverá praticar seu suicídio.

O vento nos levará é antes um filme de espera que de busca. A equipe de reportagem, da qual só veremos o diretor, chega ao vilarejo para filmar o ritual fúnebre da senhora Malek, mas essa morte demora a acontecer. Num momento em que o diretor está observando a casa da moribunda, seu telefone celular toca. A ligação não está boa, ele corre pelo labirinto das ruas e escadarias para alcançar um lugar mais elevado, o que não melhora a situação. Pega então o carro para ir ao topo de um morro, que saberemos mais tarde ser o cemitério, aí finalmente conseguirá conversar. Essa mesma trajetória — celular que toca, carro, cemitério e volta ao vilarejo — será retomada mais três vezes. E na quinta ele se dirige ao cemitério para prestar socorro a um homem ferido. Esses anéis são mais um exemplo de serialismo ou repetição num filme de Kiarostami, aqui não sem algum efeito cômico.

TEMÁTICA EM ECOS

Quando a busca não gera o dinamismo do filme, parece que Kiarostami trata a temática diferentemente: ela como que se espalha, atua por ecos, por reverberação. *O vento nos levará* é um filme quase sem ação, pelo menos no sentido tradicional. A equipe de televisão aguarda a cerimônia fúnebre da senhora Malek, os dias passam e ela não morre. A equipe vai embora sem avisar o diretor, que, sem ter mais o que fazer, também resolve deixar o vilarejo: é quando ele percebe que finalmente a senhora morreu, e limita-se a tirar umas fotos do cortejo fúnebre que se organiza. O filme é a espera de uma ação que não se realiza. Já vimos que, logo na abertura, a informação essencial nos é negada, só sabemos que o motivo da viagem é um segredo. Como, então, temos acesso à temática da morte? Após algumas dificuldades, quase ao chegar ao vilarejo, o carro quebra — não deixa de ser uma referência à morte. Hesito em fazer essa afirmação, pois só o conhecimento do persa resolveria a questão. No roteiro traduzido em francês, os diálogos informam que o carro *esquenta*, nada mais; no entanto, nas legendas da versão francesa do filme, lê-se que o carro *rendeu a alma*, e nas legendas em português, que ele *rendeu o espírito*. Percebe-se que há um problema lingüístico, presente também na tradução de inúmeras falas em vários filmes e na tradução de entrevistas do diretor. Como várias palavras não encontram equivalentes precisos em português, inglês ou francês, pairam dúvidas sobre a significação de muitas frases. Mais tarde, Behzad, o diretor da equipe de TV em *O vento nos levará*, volta ao tema do carro que "morre". Para melhorar sua relação com o menino, prejudicada por uma altercação, ele se justifica dizendo que "perdeu o espírito"e "perdeu a cabeça" (as duas expressões parecem ter o mesmo sentido), e explica que "os homens, como os carros, perdem o espírito": essa humanização do carro enriquece a estética do carro nos filmes de Kiarostami.

No primeiro giro que dá pelo vilarejo, Bahzad pára diante da casa da senhora Malek e pergunta ao seu jovem cicerone Farzad onde fica o cemitério — isso nos remete à morte, assim como a justaposição de *casa da senhora Malek* e *cemitério* liga os dois termos. O tema permanecerá presente nas inúmeras conversas sobre o estado de saúde da senhora Malek. O cemitério se tornará um dos principais espaços do filme, pois, como fica num morro elevado (o que é usual nos vilarejos dessa região, conforme informação de Kiarostami), é só ali que Behzad consegue usar o seu celular. No primeiro telefonema, ele acredita que quem ligou foi a senhora Godarzi, produtora do filme, mas não é o caso; foi provavelmente a mãe ou a esposa, fato que o irrita. Em determinado momento da conversa ao telefone, ele apresenta seus *pêsames*, e depois confirma que estará presente no *sétimo dia de luto*. Por ocasião desse telefonema, percebe que um homem, que nunca veremos, está cavando um fosso para instalar algum equipamento de telecomunicação. Behzad olha para dentro do fosso e um objeto lhe chama a atenção; pede ao homem que o desenterre e este lhe joga um osso: é um fêmur. Encosta o osso em sua coxa e ambos chegam à conclusão de que deve ter pertencido a um homem bastante grande. Em outra seqüência, o diretor dá carona a um homem encontrado por acaso na estrada: é o professor da escola, que lhe descreve o ritual fúnebre do vilarejo e fala de diversos enterros de que sua mãe participou. Behzad leva o professor à escola e aproveita para falar com Farzad, que está fazendo exames. Farzad não consegue responder a uma pergunta: o que acontecerá com os bons e os maus no juízo final?, e Behzad lhe explica. Por ocasião do último telefonema no cemitério, o fosso desaba e o cavador é soterrado. Behzad procura socorro, o homem será salvo *in extremis*, quando teremos a oportunidade de vê-lo pela primeira vez — mas dele veremos apenas um pé. Não há como não perceber aí uma ironia, o que é bastante freqüente nos filmes de Kiarostami: a senhora Malek está moribunda, porém é outra pessoa que quase morre, e não por acaso no cemitério; além disso, o acidentado é salvo graças às providências tomadas por Behzad, que veio justamente filmar um enterro. Em conversa com o médico que ajudou o acidentado, Behzad comenta, a respeito da senhora Malek, que a velhice é uma doença ruim. E o médico lhe responde que há pior do que isso: a morte, porque não se pode mais ver a beleza da natureza. A temática mortuária não se concentra numa situação principal, distribui-se em várias direções que acabam se cruzando.

Como toda vez que Kiarostami aborda o tema da morte, este liga-se ao tema da vida — aliás, pode-se dizer que vida e morte são o mesmo tema. Um dos filões temáticos ligados à vida é a procriação. Numa conversa na casa de chá, fala-se no *terceiro trabalho*, aquele que homens e mulheres fazem de noite. Num momento em que Behzad observa a casa da senhora Malek, percebemos no fundo do plano a presença discreta de uma mulher que chora, com certeza por causa do falecimento anunciado. Essa mulher carrega uma criança de colo: seu corpo sintetiza os dois temas. A vizinha da casa onde a equipe está hospedada está grávida, e dias depois ela já pariu. Quando Behzad sobe ao cemitério pela primeira vez, o carro é seguido por um rebanho de cabras: um bode cobre uma delas. Esse conjunto de referências, que rodeiam a situação central sem se referir a ela de forma direta, constrói um campo de significação.

Acrescento dois tópicos que, no meu entender, pertencem ao tema da vida. Ao circular de carro, Behzad encontra seus colegas, que nunca vemos, e durante a conversa eles aludem a morangos que comeram. Mais tarde, a caminho do cemitério, cruza com os colegas que o convidam a comer morangos e faz sinal de estar com pressa; voltará mais tarde. Finalmente, quando está à procura de socorro para ajudar o homem soterrado, ele pergunta pelos colegas a camponesas, e uma delas responde que compraram cestinhas de morangos e foram embora. Podem-se aceitar os morangos como um dado de uma conversa trivial (produzem-se bons morangos em Vale Negro?), no entanto a insistência no tema (o fenômeno da repetição em Kiarostami) chama a atenção do espectador, que passa a se perguntar se o tema não teria um valor simbólico assinalado e construído justamente pela reiteração. E eu me pergunto se o morango de *O vento nos levará*, que trabalha o tema da vida e da morte, não seria a cereja de *O gosto de cereja*. Nesse filme, quando Badii expõe seu projeto de morte ao taxidermista, o homem lhe responde que certa vez ele ia tentar o suicídio, mas, no último instante, ao se deliciar com uma cereja colhida numa árvore — símbolo da vida e seus prazeres terrestres —, resolveu continuar a viver.

Outro elemento ligado ao ciclo da vida seria o leite, ao qual há oito referências nos diálogos, além de uma longa cena de ordenha durante a qual Behzad recita poemas — incluindo o que deu título ao filme. Essa cena se dá numa escuridão que uma lanterna não consegue vencer. É difícil não perceber o contraste entre a escuridão, comentada nos diálogos, e o branco do leite, principalmente porque a relação branco/preto é tematizada no filme. O vilarejo chama-se Siah Dareh, traduzido em português por Vale Negro. Mas, enquanto caminha por uma rua, Behzad observa a seu cicerone que as casas são todas brancas, e que o nome Vale Branco seria mais apropriado. Em *O gosto de cereja*, a crítica questionou Kiarostami sobre o fato de não ficar explícito se Badii foi ou não bem-sucedido em sua tentativa de suicídio. Ao que Kiarostami responde que se recusou a "mostrar se o *herói* estava vivo ou morto". Mas acrescenta: "Para mim, o filme acaba com a noite escura [...] Pois não é necessário, para mostrar a morte em geral, passar pela morte de um indivíduo singular. Queria registrar a consciência da morte, a idéia da morte, que só o cinema torna aceitável. Essa idéia surge quando o preto se impõe, quando todas as luzes se apagaram na tela. A lua desaparece atrás das nuvens e tudo se torna preto. Então nos damos conta de que não há mais nada. Ora, a vida provém da luz" (Ciment e Goudet, 1997).

Há outras alusões à vida durante essa espera pela morte. No cemitério, uma tartaruga caminha numa estela; por estar irritado, Behzad lhe dá um pontapé, e o animal fica de patas para cima; a tartaruga se agita, consegue emborcar e continua seu caminho (bem ao gosto do modelo *trajetória com obstáculos*). Em outro momento, um escaravelho empurra uma bola enorme, como é costume desses insetos, e apesar da dificuldade o escaravelho vai trilhando seu caminho e levando sua vida. A irradiação da temática num sistema de ecos e reverberações pode levar a essas cristalizações simbólicas: é tão evidente que essas imagens nos são oferecidas como símbolos que não temos o que fazer além de decodificá-las, ou não. A superioridade do morango e do leite sobre esses símbolos endurecidos, simples charadas, está no convite feito ao espectador para colaborar com a construção da significação simbólica. A primeira referência passa por uma informação que contribui para construir uma situação realista; já a segunda provoca algum estranhamento e começamos a perceber uma possível significação, sem chegar a uma convicção definitiva sobre o valor simbólico do objeto — mas enquanto isso trabalhamos o tema da vida e da morte.

Pergunto-me se nessa maneira de organizar a temática não haveria com *Viagem à Itália,* de Rossellini, um diálogo mais complexo que o apontado acima a respeito do carro. O filme de Rossellini obedece sem dúvida à dramaturgia dos anos 50: conta uma história (casal em crise) com cena de exposição, clímax (decisão de divorciar) e desenlace (decisão de não divorciar), e contêm fartos diálogos explicativos. É o antípoda da dramaturgia de Kiarostami. Mas há outro aspecto de *Viagem à Itália*, na época inovador: a construção do que podemos chamar de imaginário, de desejos e temores do personagem interpretado por Ingrid Bergman. Ao acaso de sua circulação automobilística pelas ruas de Nápoles, um enterro cruza seu caminho, ela vê nas calçadas casais de namorados, umas mulheres grávidas e outras empurrando carrinhos de bebê. Limita-se a observar. É bem verdade que a expressão da atriz explicita sua reação psicológica — o que Kiarostami evita sempre —, e diálogos posteriores desdobrarão essas visões. Em outros momentos, uma manada de bois dificulta a passagem do carro. Ela visita um museu de antigüidades, ela vai a catacumbas onde vê caveiras, ela assiste a escavações nas ruínas de Pompéia, quando então vê emergir um casal (fato que lhe provoca um choque emocional). Encontramos aqui uma construção de temática parecida com a de *O vento nos levará* — e não só o procedimento, como a própria temática. A diferença principal é que Rossellini constrói um personagem e psicologiza a temática, enquanto Kiarostami sugere um universo filosófico, usando o personagem como instrumento. Aliás, Rossellini também sugeria um universo filosófico e religioso — que era o seu, só que mediado pela psicologia de um personagem.

A MAÇÃ

Em Kiarostami, outro símbolo ligado à vida é o famoso plano da maçã. Ao preparar o desjejum para ele e para a equipe, Behzad deixa escapar uma maçã. Acompanhada pela câmera, ela rola no chão, desenha uns meandros, encaminha-se para a canaleta que sai da varanda e cai no chão aos pés do menino. A maçã vai gerar ecos. Pouco depois desse plano, Behzad caminha com o menino e deixa escapar a maçã que segura na mão; ela escorrega para dentro de uma casa. O menino resgata a fruta e a devolve a Bahzad. Essa maçã, que no primeiro plano comentado vai de Bahzad ao menino, faz agora a trajetória inversa: ela possibilita um intercâmbio, uma comunicação entre os dois personagens. Segundos mais tarde, quando Behzad e o menino continuam sua caminhada, no fundo de um plano uma bola rola no chão, um garoto entra no campo correndo e a pega: é mais um eco da maçã.

Um pingo de chuva
rola ao longo de uma folha de buxo
e cai num riacho barrento

....

Uma maçãzinha
turbilhona
numa cascatinha

Kiarostami, *Avec le Vent*
(trad. do francês por Rosa Freire d'Aguiar)

O plano da trajetória da maçã, cuja demorada elaboração pode ser acompanhada nos documentários *La Leçon de cinéma*, de Mojdeh Famili, e *A Week with Kiarostami*, de Yuji Mohara, foi comentado por Kiarostami no primeiro filme: "A maçã não devia seguir uma linha reta [...] Diante de um obstáculo, ela se orienta para um outro caminho. A poesia persa define esse movimento como o curso de um riacho num prado. A água nunca segue linha reta. A essência de seu movimento é o obstáculo. O que obstrui a água a obriga a se movimentar. Essas curvas e meandros, que fazem a beleza dos riachos, provêm de seu encontro com obstáculos". Essa é uma síntese da trajetória tal como a vimos a respeito dos carros, ponto crucial da poética de Kiarostami. Esse curso da água pode ser um símbolo de vida. Em *Dez*, ao referir-se a seu segundo casamento, Mania diz ao filho: "Eu me sinto desabrochar agora como um riacho que flui".

Kiarostami complementa: "Traçar uma linha reta era possível, mas longe da verdade. A maçã segue os mesmos movimentos dos homens, e será atribuída a esse menino". Em outro momento do mesmo documentário, ele tece comentários sobre a casa de chá: "Essa cena é absolutamente falsa. Não que ela seja artificial. É uma trapaça, visto que não existem casas de chá nesse tipo de vilarejo. Eu a introduzi para tornar possível a comunicação entre as pessoas. Eles não têm o costume de tomar chá numa casa de chá". A cena é aceitável por não ser considerada *artificial*, apesar de não estar conforme aos hábitos da região. Essa *falsidade* não é perturbadora, enquanto a maçã escorregando em linha reta seria uma inverdade perturbadora — embora uma maçã, dependendo de sua rotundidade e do declive, possa deslizar em linha reta sem ferir a *verdade*. É que a verdade não é da ordem do realismo, das aparências, do cotidiano, dos fatos. E sim uma questão filosófica. Dito de outra forma, a realidade não é a verdade. Aproveito para voltar a insistir sobre o fato de que a tradução — para o português, inglês e francês, línguas com as quais trabalhei — de diálogos e pronunciamentos de Kiarostami pode não expressar seu pensamento com exatidão, em particular sobre alguns conceitos recorrentes, como *falso, artifício, verdade, realidade, mentira*. O *artifício* se opõe à *verdade*, mas não o *falso*, nem a *mentira; verdade* e *realidade* não coincidem.

Ainda a respeito da maçã, Kiarostami acrescenta no filme de Famili: "Aparentemente essa maçã desliza sozinha e cai nas mãos desse menino [mais exatamente: a seus pés]. Como se diz, essa sorte não pertence a quem dorme. Essa maçã é atribuída a quem está acordado".

Acorda, viajante, acorda,
Ainda estás adormecido.

Hâfez
(trad. do francês por JCB)

Acordado, na boca de Kiarostami, não designa apenas o fato de estar fisicamente em estado de vigília, exprime outra coisa difícil de precisar, provavelmente algo como estar aberto à vida, estar receptivo ao mundo. Talvez seja essa a razão pela qual o tema dormir/acordar é recorrente em sua obra. Em *Através das oliveiras*, a produtora percorre as barracas para acordar a equipe, mas pede que se deixe Hossein dormir mais um pouco, porque na véspera ele demorou a pegar no sono. Porém Hossein grita com veemência que já está acordado, e a senhora Shiva faz questão de retificar para todo o pessoal que ele acordou cedo. Numa cena de *O vento nos levará*, Behzad pergunta a seus colegas invisíveis que estão no quarto se não querem acordar. Aliás, esse é o próprio tema de abertura do filme: enquanto vemos ao longe o carro percorrer os meandros da paisagem, ouvimos os diálogos:

"— Eh, finalmente não vimos este túnel?

— Sim, já passamos por ele...

— Quando?

— Faz um momento, meu velho, que passamos por ele. Este aí parece estar dormindo!"

No filme, com as vozes em *off*, não dá para saber quem estava dormindo; conforme o roteiro, é o próprio Behzad, diretor da equipe. A mesma relação túnel/dormir encontra-se na primeira seqüência de *Vida e nada mais*: depois que o menino jogou fora o gafanhoto, o pai o manda dormir, e ele se deita no banco traseiro. Após um breve escurecimento, que pode indicar que o carro passou sob um viaduto ou em um túnel curto, o menino pergunta quando vão passar pelo túnel e o pai responde que estão chegando lá. Entram os créditos sobre fundo preto, o que significa possivelmente a passagem pelo túnel. Quando volta a luz, o menino ainda está dormindo.

Outro objeto — tão famoso quanto a maçã e ligado ao mesmo universo poético — que desliza e não segue uma trajetória reta está em *Close-Up*: um jornalista, acompanhado de dois policiais, dirige-se de táxi à casa da família Ahanjah, onde o "impostor" Sabzian se instalara. Depois que todos entraram na casa, o motorista fica na rua à espera. Para passar o tempo, cata umas flores secas num monte de entulhos, o que provoca um desequilíbrio e faz uma lata de spray cair. O homem chuta a lata, que, num plano que lhe é dedicado, rola ladeira abaixo durante trinta e cinco segundos até esbarrar no meio-fio. A função narrativa do plano é compreensível: Kiarostami resolveu não mostrar neste momento a cena que se desenvolve no interior da casa, a qual apresentará mais tarde. Por ora o espectador se interessa justamente pelo que ocorre no espaço *off*, e a ação escondida aguça nossa curiosidade, ainda mais por ter sido substituída por uma ação "insignificante" — embora, para tal, não precisasse de um plano específico. Depois, o jornalista sai da casa e, na sua agitação, dá um pontapé na lata, que rola por mais catorze segundos. Essa ação expressa bem a figura um tanto estabanada e caricata do jornalista. Mas podemos pensar que a função narrativa não esgota a significação potencial da lata que rola, ou, mais exatamente, do rolamento da lata. O fato de lhe ser dedicado um plano especial, de ela ser acionada por duas vezes e de o rolamento durar tanto tempo lhe dá um destaque que ao mesmo tempo que a mantém incorporada ao fluxo narrativo, a extrai dele e sugere que a lata pode ter outra função. E essa, no meu entender, deve ser buscada do lado da significação simbólica da trajetória dos objetos, tal como Kiarostami a expressa no seu comentário sobre a maçã. Não sei, entretanto, se essa tentativa de análise explica a divisão do movimento da lata em duas partes. Por que o diretor não se satisfez com a ação do motorista e posterior rolamento da lata? Por que o chute do jornalista? Arrisco o seguinte: a lata está no monte de entulhos, a ação do motorista a faz cair — é quando percebemos sua existência — e ele a chuta; esse é o primeiro plano. O segundo é dedicado ao rolamento. Nesses planos, a lata percorre a trajetória de um ponto de partida a um ponto de chegada, mesmo que não em linha reta. A trajetória se completa quando a lata encosta no meio-fio. Creio que foi exatamente isso que Kiarostami quis evitar, ao dar-lhe uma segunda chance. O plano do jornalista é diferente: ele chuta a lata na rua em declive, ela inicia sua nova trajetória enquanto o homem vira à esquerda e desaparece do campo. A câmera fixa focaliza então o único objeto animado no plano, a lata, que rola e se perde na perspectiva. Acrescentemos que a direção do rolamento também é reveladora, pois a lata se afasta da casa dos Ahanjah, que, já sabemos, fica num beco sem saída. O plano é cortado antes da interrupção do movimento, não vemos o fim da trajetória. A lata participa tanto da poética da trajetória em linha não reta como da poética da trajetória inacabada — como ocorre com o carro de *Vida e nada mais*, que não vemos chegar a Koker.

Esse mesmo valor simbólico pode ser encontrado em diversos planos que mostram carros circulando ou encontrando obstáculos pelos meandros das estradas tão presentes nos filmes de Kiarostami, bem como no plano emblemático e já comentado de *Onde fica a casa do meu amigo?*: o menino passa várias vezes por uma colina encimada por uma árvore isolada, na encosta da qual se encontra um caminho em ziguezague, que se torna ainda mais relevante quando se sabe que ele não existia e foi traçado especialmente para a realização do filme. Kiarostami: "A cena-chave [de *Onde fica a casa do meu amigo?*] emerge: uma criança corre em direção a uma árvore situada no fim de um caminho, como se se insinuasse pelo morro. Essa imagem, eu a tinha na cabeça ha-

90

via anos, bem antes da realização do filme. Podem encontrá-la nas minhas pinturas e fotografias feitas na época. É como se inconscientemente eu estivesse atraído por um morro, uma árvore solitária. É essa imagem que reconstruímos com fidelidade no filme: o morro, o caminho, a árvore compõem a cena em questão" ("Kiarostami le magnifique").

Outro objeto simbólico relevante nesse quadro é o osso que, no fim de *O vento nos levará*, Behzad joga num riacho. Acompanhado pela câmera, o osso desce guiado pela correnteza, que o empurra para as sinuosidades da ribanceira, onde a dinâmica do fluxo da água provoca nele movimentos de rotação e o afasta em direção ao meio do leito, para ser em seguida novamente dirigido para a ribanceira. Quando a câmera enfoca o osso bem no centro da tela, o plano é cortado e entram os letreiros finais. O osso carrega o simbolismo da vida e da morte, e também do renovar da vida (foi extraído da terra, onde estava imóvel, para encontrar novo movimento no fim do filme), e carrega ainda toda a poética da maçã, dos carros, de todos esses objetos que se movem nos filmes de Kiarostami.

"Ora, todas as coisas não são imóveis. Tudo está em um perpétuo escoamento, *adsidue quoniam fluere omnia constat*" — ao ler isso, não pude me impedir de relacioná-la com a poética de Kiarostami. Numa época em que a teoria do caos e a teoria da complexidade nos falam de turbulências, de ruídos que levam os sistemas a se reorganizar, podemos nos perguntar se um dos motivos pelos quais Kiarostami obtém tanto sucesso entre nós não seria a sua poética do movimento. Não que seus espectadores sejam físicos, mas o caos e a complexidade estão penetrando no nosso mundo e ganhando uma dimensão filosófica e poética. Outras frases que parecem comentar filmes de Kiarostami: "Os átomos em queda livre no vazio desviam-se de sua trajetória retilínea"; "Se alguma coisa existe, existe apenas como pedra que rola na encosta da colina — como diz Espinosa —, apenas como nau rolando, a vela grande, no leito do vento"; "[...] o fluxo desce, espalha-se em direção aos bordos, segundo caminhos irisados de obstáculos; ele é desviado, flectido, suas vias não são retas [...] Esses caminhos tortuosos, na complexidade do tecido material, são as vias da alma frágil: ela corre, quebrada, para a morte, pelos meandros e pelas confluências dos canais corporais. Contorna os obstáculos, fratura-se para superá-los". Essas citações foram extraídas do livro *O nascimento da física no texto de Lucrécio — Correntes e turbulências,* de Michel Serres. Não deve ser acaso que, no momento em que Serres resolve reabilitar Lucrécio e seu ciclâmen, favorecer a hidráulica em detrimento da mecânica dos sólidos, estejamos tão sensíveis à poética do movimento nos filmes do cineasta iraniano. Tal poética da viagem, da trajetória, do movimento, dos obstáculos, da não-linearidade, não terá encontrado suas fontes na teoria da complexidade, e sim na tradição da poesia persa. É provável que nossa possibilidade de dialogar com os filmes de Kiarostami não se dê no plano da poesia persa, de pouca influência em nossa vida cultural, mas no plano de uma poética do movimento e dos sistemas em constante reorganização, atualmente alimentada entre nós pela teoria da complexidade. Podemos procurar numa outra direção científica e também encontrar ecos da poesia de Kiarostami. "Assim, se a velocidade-limite da luz é o absoluto que sucede aqueles do tempo e do espaço newtonianos doravante relativizados, *o trajeto torna-se mais importante que o objeto*" (grifo do original): nessa frase encontrada num texto em que Paul Virilio estuda o primado da velocidade da luz no nosso mundo de comunicação e de imagens, sinto a reverberação dos filmes de Kiarostami. Isso não implica que vemos os filmes de Kiarostami como ilustrações ou alusões a teorias físicas, mas que nossa sensibilidade pode trabalhar, na expressão poética de seus filmes, as profundas alterações que essas teorias provocam em nossa relação com o mundo, o espaço e o tempo.

Após todas essas belas considerações, podemos acrescentar mais uma sugerida por Kiarostami. Durante a realização de *Através das oliveiras*, havia momentos em que ele e a equipe não faziam coisa alguma, e ele apreciava esses momentos. "Caçava constantemente cenas em que nada estivesse acontecendo. É esse *nada* que eu queria incluir no meu filme. Há momentos num filme em que nada deve acontecer, como em *Close-Up*, quando alguém chuta uma lata. Mas eu precisava disso. Precisava desse *nada* aí" (Lopate). Outro belo exemplo desse *nada*: uma mulher sentada no banco do passageiro de um carro parado olha distraída à direita ou à esquerda, ou fica com o olhar perdido, limpa o olho, se abana com um pedaço de cartolina, e, mais significativo, cutuca com insistência uma pequena lesão na comissura dos lábios. Esse plano, que abre o segmento nº 9 de *Dez*, se estende por mais de um minuto e meio.

A deambulação automobilística é evidentemente fundamental em *Dez*, já que todas as cenas ocorrem dentro de um carro do qual nunca saímos. Contudo nesse filme o carro passa por uma transformação radical, no fundo prenunciada por *O vento nos levará*. *Dez* não é um filme de busca nem de espera. Mania não tem um objetivo, um lugar a alcançar, uma ação a realizar. Há como que um estilhaçamento dos objetivos: levar o filho à piscina, à casa dos avós, levar à mesquita uma mulher encontrada por acaso, aproveitar o trajeto para pegar um bolo de aniversário para o marido, ir a um restaurante com uma amiga abandonada pelo namorado ou marido — outros trajetos não têm alvo específico. Os diálogos criam uma área temática (algo como: a situação da mulher ou da mulher de classe média no Irã ou na sociedade contemporânea) que não gera ação nem decorre dela. Isso não quer dizer que *Dez* esteja desprovido de qualquer ação dramática, mas elas como que ocorrem atrás do filme, e delas só nos chegam ecos. No segmento de abertura, o diálogo deixa claro que Amin, filho do primeiro casamento, mora com a mãe e o padrasto, embora deseje viver com o pai; já no sexto fica explícito que agora mora com o pai (temporariamente, definitivamente?); a questão da transferência do filho para a casa do pai é discutida entre Mania e sua irmã no segundo segmento; no oitavo, Mania explica a Amin por que ela tomou a decisão de deixá-lo morar com o pai. É interessante que essa explicação venha depois que fomos informados de que a transferência ocorrera, caso contrário não ficaríamos surpresos com a informação e se criaria uma relação de causa e efeito entre uma cena anterior e uma posterior — o que é evidente que Kiarostami quis evitar. Outro elemento de ação: no quinto segmento, Mania conversa com uma amiga que tem esperança de casar com um homem por quem está apaixonada; no nono, a moça anuncia que o namorado desistiu do casamento. São como farrapos de ação, de uma ação que ocorre no espaço *off* do filme. Essa quase-abolição do enredo é um desejo de Kiarostami: "Se o cinema consiste somente em contar histórias, está em perigo" (Levieux, 2002); "Sempre receei ter de contar história, ser um contador" (Toubiana); "The time for Scheherazade and the king — the storytelling time — is over" (Sterritt). Kiarostami multiplica declarações desse teor.

Kiarostami comenta a circulação automobilística de *Dez*, que parece a esmo: "Essa encenação circular faz parte do simbolismo do filme. Girar em círculo é literalmente não ir a lugar algum. Estar em movimento para nada. Sem que faça sentido. Para avançar de verdade é necessário ir de um ponto a outro. Esse trajeto nos remete, portanto, à idéia de imobilidade. E o que não se movimenta, o que não cresce, não progride, está doente e condenado a morrer" (Ciment e Goudet, 1997). Há momentos em que essa quase que estagnação do movimento fica concretamente patente. Por exemplo, no segmento nº 6, Mania passa diante de uma casa, que vemos pela sua janela, e o portão de ferro chama bastante atenção; alguns planos depois, vemos a mesma casa pela janela da passageira, o que sugere que o carro está girando em círculo. No segmento nº 5, Mania passa em frente ao que talvez seja um parque, em seguida pára diante de um prédio para pegar Amin, que desce do carro do pai, estacionado no sentido inverso. O menino volta para pegar a mochila, que esqueceu, e a seguir vemos o rapaz instalado no carro da mãe; voltamos a Mania: ela passa mais uma vez diante do mesmo "parque", chega ao mesmo prédio, quando é então ultrapassada pelo carro do pai, e acaba de acertar com ele a devolução do filho. O último segmento retoma a situação do nº 5 — não só isso, como a cena ocorre no mesmo lugar, de novo Amin esquece a mochila, e o menino e a mãe estão com o mesmo figurino. Apesar de os planos serem ligeiramente diferentes, não há como duvidar de que é o mesmo material trabalhado no segmento nº 5. Aliás, há quem tenha escrito que o filme não comporta dez segmentos, mas 9 + 1. A retomada do nº 5 no final reforça a sensação de imobilismo do movimento.

Pergunto-me qual a razão desse *movimento estático*, desse distanciamento da *estética da maçã*. Estaria relacionada com outra transformação não menos radical na obra de Kiarostami — a saber, pela primeira vez uma mulher é personagem principal de um filme seu. Nas obras anteriores, era perceptível uma projeção do cineasta sobre seus personagens principais — nem que fosse pelo fato de a maioria ser diretor de cinema ou televisão. Referindo-se a *O gosto de cereja*, Kiarostami chegou a afirmar: "O filme é uma espécie de geografia de minha vida interior" (conforme Michèle Levieux, citada por Elena). Antes das filmagens, Bahman Kiarostami, filho do cineasta, realizou com o pai *O projeto*, documentário em vídeo sobre os preparativos de *O gosto de cereja*. Nele, Kiarostami interpretou todos os personagens, de tal forma que Homayun Ershadi, ator não profissional que atuou no papel de Badii, "só tinha de reproduzir o que tinha visto na tela", quando assistisse ao vídeo (Ciment e Goudet, 1997). O auto-retrato é tão relevante na obra de Kiarostami que Alberto Elena chega a se referir aos óculos escuros de Mania em *Dez* como um ponto de identificação com o cineasta, já que ele fez de tais óculos um signo marcante de sua pessoa. No segmento em que Mania dá carona a uma prostituta, ela evoca a possibilidade de um equívoco: a prostituta teria entrado no carro por pensar que Mania era um homem. Olivier Joyard e Patrice Blouin vão mais longe: "Kiarostami, ele, tomou francamente a liberdade de mudar de sexo — a motorista tem óculos de sol, que são a marca registrada de todos os seus duplos na tela". Isso não é rigorosamente verdade, mas com certeza é a marca registrada da pessoa.

Antes de *Dez*, quando aparecem, as mulheres têm papéis secundários. Até quando Kiarostami se interessa pelas relações afetivas entre Tahereh e Hossein em *Através das oliveiras*, o ponto de vista é sempre o do rapaz. Kiarostami já falou das dificuldades de filmar as mulheres no Irã, por causa do véu. Quanto à explicação sobre a total ausência feminina em *O gosto de cereja*, ela é surpreendente: "Pensei que a mulher estaria presente pela ausência, na perspectiva do filme, no espírito do espectador. Parece-me que um tema desse tipo sugere como explicação possível um problema de casal. A ausência da mulher me parecia ser a maneira de lhe dar ainda mais importância e destaque do que sua presença fugidia. O fato de não comparecer na tela lhe dá a possibilidade de estar presente na consciência de cada espectador. [Quando Badii é visto pela última vez pela janela de sua casa,] podemos nos perguntar onde estão sua mulher e seus filhos, o que eles estarão fazendo. Devo acrescentar que, para mim, atrás de cada homem que deu certo, esconde-se uma mulher extraordinária. Vale dizer que uma mulher poderia muito bem estar atrás desse homem que se sente mal na sua pele. Pois a relação amorosa, no seio de um casal, é provavelmente a coisa mais séria que podemos vivenciar. Não necessariamente a mais importante, mas a mais séria!" (Ciment e Goudet, 1997). A explicação é um achado, embora pouco convincente, visto que Badii não parece um *homem que deu certo*, e nos outros filmes os numerosos personagens ocultos são evocados pelos diálogos — quer porque são referidos nas falas, quer porque um personagem se dirige a alguém fora de campo —, ou por uma ação (por exemplo, em *Através das oliveiras*, um tapete surge no quadro, foi jogado por alguém fora de campo, que nunca será visto). Mas nada disso é perceptível em *O gosto de cereja*, apesar de, ao falar da mulher ausente nesse filme, Kiarostami ser sem dúvida coerente com seu estilo: observou que em *O vento nos levará* há mais de dez personagens ocultos, entre os quais a velha mulher cuja morte aguardada é o centro da situação.

> Em seu filme *O caminhão*, Marguerite Duras lê o roteiro ao ator Gérard Depardieu. Essa leitura é entrecortada por planos de um imenso caminhão azul que circula por estradas. O roteiro trata de uma mulher que teria ido visitar a irmã no interior e depois teria pegado carona num caminhão e conversado longamente com o motorista. A mulher e o motorista nunca são vistos. Toda vez que

> Duras cita o caminhão, vem logo à nossa mente a imagem do caminhão, esse caminhão azul e nenhum outro. Ao passo que, quando se refere à mulher, nenhuma imagem nos vem à mente, ou melhor, surgem diversas imagens: com a fala de Duras, estamos hipoteticamente construindo o personagem, em várias direções. Personagens ou objetos ocultos mas referidos nos diálogos deixam uma grande liberdade ao espectador e ativam sua imaginação. Tanto que às vezes o visto serve antes de pretexto para que possamos imaginar o não-visto.

Assim, Kiarostami passa da ausência radical de personagens femininos em *O gosto de cereja* à sua presença radical em *Dez*. Vimos que, por essa ou outras razões, a poética do movimento se altera em *Dez*, e um enrijecimento considerável dos procedimentos marca esse filme em relação aos anteriores. Outra mudança relevante se verifica na forma de produção dos diálogos dentro do carro. Em vários filmes o diretor ficou no lugar de um dos interlocutores para provocar a fala do outro, a ponto de, como vimos em *O gosto de cereja*, os atores nem se encontrarem nas filmagens. Em *Dez* Kiarostami preparou as atrizes e o menino, mas durante a filmagem eles contracenam de fato. Ora ele fica no banco traseiro do carro, ora fora. A relação do diretor com o que está sendo filmado não se dá nem pelo que vê acontecer diante da câmera nem pelo controle da imagem através de algum *video-assist*; ocorre exclusivamente pelo som. Ele ouve o diálogo e dirige pelo som. Mania ajeita repetidas vezes o véu. Kiarostami explica: "Ela tinha um fone no ouvido e escutava o diálogo que eu lhe dizia para repetir. Fez várias vezes esse gesto porque estava acertando o fone no ouvido". Para a cena com a prostituta, interpretada por uma atriz profissional, o procedimento foi diferente: a cena "durava treze minutos sem nenhum corte. Foi, portanto, controlada pelo fone, através do qual eu ditava as falas à atriz [...] ela ouvia o som que tínhamos gravado antes. Ouvia o som de sua própria voz, que ela só tinha de repetir em voz alta" (Blouin e Tesson). Esse recurso foi usado apenas nesse plano, o único que tinha diálogos previamente escritos. Por que Kiarostami abandonou o procedimento de construção dos diálogos usada em *O gosto de cereja*? Sem dúvida trata-se de aprofundamento de seu método, mas podemos nos perguntar se a dificuldade de identificar-se com personagens femininos não o teria levado a desistir de ocupar o lugar de seus atores — como o fizera em filmes anteriores —, e se não o levou também a retrair-se como diretor. Para Kiarostami, esse procedimento representa a "eliminação do diretor" — há algum exagero na afirmação, no entanto é indiscutível que esse método implica um deslocamento de seu papel.

ELIMINAÇÃO DO DIRETOR

A idéia de *eliminar* o diretor não surgiu com *Dez*, foi sendo amadurecida durante anos, a partir da experiência em *Close-Up*. Em inúmeras declarações sobre esse filme surge um conceito novo: o de diretor como espectador. "Esse é um filme que se fez sozinho, que nasceu por si mesmo [...] De dia eu filmava e de noite tomava notas. Não havia muito tempo para pensar, e, uma vez pronto, vi o filme como um espectador a mais, já que ele era novo até para mim. Creio que é alguma coisa completamente diferente de tudo o que eu fiz até agora" (Elena). Ou ainda: "Eu me sentia mais espectador do que criador, me deixei dirigir. É o único dos meus filmes a que fiquei assistindo na sala junto com o público" (Parra). Quando o apresentaram como diretor de *Close-Up* a um espectador que não era profissional de cinema, a pessoa lhe disse: "Ah, pensei que esse filme não tinha diretor"; e Kiarostami achou "essa idéia sublime" (Blouin e Tesson). Assim, vai se firmando a idéia de um filme sem diretor. Em depoimento à revista iraniana *Mahnameh-ye Film*, "Le Monde d'A. K." (de que não consegui a data, mas é posterior a *Close-Up* e anterior a *O gosto de cereja*), Kiarostami afirma: "Depois de alguns filmes, me convenci de que era necessário eliminar o diretor! De fato, estou me encaminhando para um trabalho em que ofereço cada vez mais possibilidades aos atores". No entanto, esse projeto não deixa de ter contradições: em 1997, em entrevista a Stéphane Goudet, faz duas afirmações que apresentam um certo antagonismo. A primeira: "Escolhi não atuar mais, nem em *Vida e nada mais*, nem em *Através das oliveiras*, porque acho que é necessário que alguém fique atrás da câmera, alguém que veja bem a cena. Quando estou diante da câmera, não avalio bem o que acontece no set". A segunda: "Meu grande desejo é um dia poder fazer cinema sem câmera, sem microfone, sem equipe; ou então encontrar um meio definitivo de fazer o ator esquecer a onipresença desse instrumento constantemente apontado para ele". A tensão entre estar e não estar atrás da câmera manifestou-se também na filmagem dos planos fechados dentro do carro, em *O gosto de cereja*: "O mais difícil é que o fotógrafo, nesses momentos, não está atrás da câmera. Mas é também uma vantagem, pois ninguém perturba o ator. Ele se sente mais à vontade com essa câmera sozinha diante dele, sem equipe técnica. Quando o *cameraman* e seu assistente acertam o foco, é sempre perturbador para o ator. Nesse filme a câmera estava presa ao carro, inamovível, e isso nos valeu algumas surpresas: por exemplo, o nariz do ator fora de campo" (Ciment e Goudet, 1997). Apesar dessas contradições e dificuldades, a idéia do diretor como espectador vai se consolidando e reaparece quando Kiarostami comenta uma cena de *O gosto de cereja* cuja significação não tinha percebido durante a filmagem: "Quando o carro [de Badii] derrapa e cai numa valeta, uma porção de gente chega para socorrê-lo. Essa imagem é verdadeira, mostra que, para salvar a vida, as pessoas fazem esforços que não estariam dispostas a fazer diante da morte. É algo em que não tinha pensado, mas que constatei revendo meu filme. Mais uma vez, um cineasta não faz inteiramente seu filme, é como espectador que ele o completa de modo definitivo" (Toubiana). Por causa tanto dos atores, que não devem ser perturbados pelo equipamento e pela equipe, como das descobertas que o diretor-espectador pode fazer no seu próprio filme — a que se deve acrescentar o uso da câmera digital e a exigüidade do interior do carro —, quando Kiarostami chegou a *Dez* tudo estava pronto para a "eliminação" do diretor: "Pela primeira vez tinha perdido meu status de cineasta, já que nem tinha uma cadeira com meu nome para ficar em frente dos atores e das atrizes! Eu estava atrás deles. Portanto, não podia controlá-los como se faz habitualmente" (Ciment e Goudet, 2002).

Assim, o diretor atua antes da filmagem, restringe de forma drástica sua interferência durante a filmagem, e volta a atuar na montagem e sonorização. Durante as filmagens, não é mais um diretor de atores, e se torna sobretudo autor do dispositivo, o qual pode não ter sido inteiramente formulado antes do início do filme. Em *10 on Ten*, Kiarostami explica que ao ver os copiões do primeiro segmento, com o material do menino, entendeu que não poderia alterar o ângulo e a objetiva da câmera, pois isso só criaria uma diversidade "nefasta para a ordem e a estrutura do filme, que para mim têm mais importância do que o assunto ou a história". Uma vez projetado e instalado o dispositivo, o diretor apaga o quanto pode sua participação durante a captação das imagens e dos sons. Por isso Kiarostami gosta de dizer que seu papel em *Dez* se assemelha ao de um treinador de futebol: prepara os jogadores, elabora estratégias, mas não intervém durante o jogo (Blouin e Tesson) — porém os treinadores não podem recorrer à montagem depois do jogo. No capítulo nove de *10 on Ten*, Kiarostami comenta dois termos franceses para designar a mesma função: *metteur en scène* e *réalisateur*, o primeiro remete àquele "que supervisiona a cena", o outro se refere àquele "que tornaria real, que realiza". Para si, recusa os dois: em *Dez* não supervisionou as cenas nem tornou nada real; a realidade existia antes dele, "invisível e constante": "Eu simplesmente tive a oportunidade de gravar essa realidade. Em *Dez*, posso dizer que participei de sua criação, mas não intervim nos detalhes". O mesmo capítulo nove abre com uma declaração um pouco diferente: "Um filme é antes de mais nada uma obra, e uma obra deve refletir as particularidades do autor". O termo *autor*, ele não recusa. No entanto, ao diferenciá-lo daquele que supervisiona a cena, Kiarostami propõe um deslocamento sensível do conceito proposto pela "política dos autores" nos anos 50. De fato, na época a *nouvelle vague* baseava sua noção de autor na *mise en scène*, ou seja, na ordenação e controle da própria câmera e do que ocorria diante dela.

Estamos, portanto, diante de uma situação em que a ação dramática quase desapareceu, substituída por uma área temático-verbal, em que o diretor quase abole sua intervenção durante a filmagem. Isso leva ao reforço do dispositivo, ou seja, ele se torna férreo e vem claramente à tona, é exibido. Os filmes de Kiarostami costumam ter títulos metafóricos. Porém o título *Close-Up* já era uma referência ao dispositivo, mas apenas para as cenas do julgamento, enquanto *Dez* remete à organização formal do filme como um todo, o que a numeração dos segmentos deixa evidente a qualquer espectador.

A obra cujo enredo não ordena em situações consecutivas e inter-relacionadas, que não é delimitada por um tema em torno do qual se concatenam argumentos que levem da exposição à conclusão, corre o risco de se dissolver. Então intervém o contador regrado que coloca limites, ordena, compartimenta, hierarquiza para conter a expansividade do poeta. Ele tenta criar uma estrutura rígida para proteger a obra contra o perigo do infinito e do indefinido. Já a respeito de *Triste trópico* de Artur Omar, comentei em 1987 a proliferação espantosa de dados quantitativos num filme que se expande numa multiplicidade de materiais heterogêneos e histórias fantasmagóricas, e que não parece respeitar nenhuma delimitação ficcional ou temática. Anos: 1500, 1594, 1558, 1885, 1924, 1925; dias: 15 de abril, 1º de maio, 15 de maio (de que ano?); foram servidas 30 mil sopas populares; 72 línguas na torre de Babel e cerca de 150 na Amazônia; o doutor Artur morre com 35 tiros; em 600 casas, 100 eram de tolerância; 80% da população; os 13 sabores comerciais do café etc. O poeta se apodera das salvaguardas do contador e alucina-se.

A tão confiável e regular numeração das páginas de um livro pode sofrer convulsões:

Não há nada lá, de Joca Reiners Terron, começa na página 166 e acaba na 17, sem contar que há números pulados e páginas sem numeração, enquanto outras recebem algarismos romanos; *Là pour Ça*, de Alain Fleisher, compõe-se de cem páginas de número 100.

O mestre da numeração enlouquecida é Peter Greenaway. Nagiko, a protagonista de *O livro de cabeceira*, escreve treze livros sobre o corpo de homens, e letreiros os numeram na ordem crescente. Mas outras numerações intervêm: numa seqüência, sete janelas que aparecem sucessivamente no canto superior direito da tela mostram uma mão escrevendo números de 35 a 41, e a agilidade mental do espectador lhe permitirá detectar que se trata da quantidade de pílulas que o amante de Nagiko toma para suicidar-se; o 42 é escrito por ele mesmo num espelho, a mão volta para escrever 43 e 44, e então ele continua a tomar pílulas, porém sem numeração. Na primeira parte do filme, outra numeração se instala, sempre relacionada com imagens do Japão antigo: "The Pillow Book — Section 150". Letreiros posteriores dão o número de outras seções, sem ordem aparente: 029, 016, 057 etc. Percebemos que essa numeração não remete ao filme, e sim às seções do livro ·O *livro de cabeceira*, que completará mil anos quando a protagonista chegar a seu vigésimo oitavo aniversário, e o filme a seu fim. Quanto ao roteiro, não está dividido em cenas ou seqüências, mas igualmente em seções, numeradas em ordem progressiva de 1 a 90. Essas e outras numerações (os aniversários, por exemplo), que aparecem regulares e ordenadas (os livros), ou fragmentárias e em desordem, fazem do filme um cruzamento de várias ordens — umas geradas para o filme e que se resolvem nele, outras que parecem provir de fora e interferir na ordenação da obra.

Tais cruzamentos, que criam interferência externa na ordenação interna da obra, vêm sendo usados com alguma freqüência, e impedem que a obra se feche sobre si mesma. Por exemplo, *Eles eram muitos cavalos*, de Luiz Ruffato, é dividido em 69 segmentos numerados em ordem crescente. O décimo primeiro é intitulado: "11. Chacina nº 41". Não há outra chacina no livro. O número 41 dá a impressão de pertencer a outra classificação, a de um fichário policial ou arquivo de jornal, exteriores à obra. Há ainda outras numerações, elas como que criam subgrupos dentro da ordenação geral da obra: por exemplo, encontramos o segmento "18. Na ponta do dedo (1)", e mais dois aparecerão com o mesmo título, só que com os números 2 e 3. Assim, a obra é regida por uma ordem geral dentro da qual se instalam subordens

> relativamente autônomas, e é perturbada por ordens externas — sendo que estas últimas são criadas para a obra e em função dela.

Quando perguntado sobre o porquê da contagem regressiva, de dez a um, Kiarostami respondeu: "Era uma evidência para mim, mesmo que eu possa imaginar o contrário. A contagem regressiva ajuda também o espectador menos paciente a deduzir quantos episódios restam a agüentar [...] Isso lhe evita de olhar para o relógio no escuro. Ele pode muito bem dizer: já vi seis, sobram quatro, portanto fico" (Ciment e Goudet, 1997) — isso se o espectador acreditar que o filme contém mesmo dez blocos. Não esqueçamos que essa contagem apresenta analogia com a das pontas de *start* no início das bobinas de filme, que também é regressiva (e se interrompe no número 3). Aparentemente, Kiarostami não fez nada mais do que uma piadinha, mas ela tem conseqüência: o espectador não percebe que a obra está chegando ao fim nem pela narrativa, nem pelo ritmo, e sim pela classificação. A respeito de *Afogando em números*, filme em que as cenas apresentam números de um a cem na ordem progressiva, Peter Greenaway não se pronuncia de forma muito diferente: "No momento em que temos a impressão de estar na metade, chegamos ao número cinqüenta, e quando nos aproximamos de noventa, sabemos que a projeção está chegando ao fim" ("Autour du Nombre").

Essas obras de Kiarostami e de Greenaway manifestam uma tensão entre a numeração e o narrativo, participam de duas ordens antagônicas. Já sabemos dos problemas do iraniano com o cinema narrativo, os do inglês não são menores: "A meu ver, o narrativo inerente ao filme é o que de pior podia ter acontecido à Sétima Arte. Pois Griffith nos colocou no caminho errado [...]

Infelizmente, isso faz parte do statu quo e não podemos nos livrar dele. Nosso cinema é, portanto, do tipo narrativo [...] Acho que o uso pessoal que fiz de uma disciplina relacionada com a numerologia era no início uma maneira de agir tendo em vista a criação de um cinema não narrativo. É interessante constatar que, se a narração for adotada, deve-se encontrar um meio de ligar os elementos uns aos outros [...] Eu defenderia com certeza uma Sétima Arte não narrativa, mas claro que seria estúpido renegar de todo a noção de um cinema seqüencial" ("Autour du Nombre"). A outra ordem a que se vinculam esses filmes é a do catálogo. Estudando "Database as a Symbolic Form", no sentido em que Erwin Panofsky fala da perspectiva como forma simbólica, Lev Manovich faz as seguintes considerações: "Depois de terem o romance, e subseqüentemente o cinema, privilegiado a narrativa como a forma fundamental de expressão cultural da idade moderna, a era do computador introduz o seu correlato: o banco de dados. Muitos objetos da nova mídia não contam histórias; eles não têm começo nem fim; na verdade, não têm nenhum desenvolvimento — temático, formal ou qualquer outro — capaz de organizar seus elementos numa seqüência. Ao contrário, são coleções de itens isolados, em que cada item tem o mesmo significado de qualquer outro [...] Como forma cultural, o banco de dados representa o mundo como uma lista de itens, recusando-se a ordená-la. A narrativa, por oposição, cria uma trajetória de causa e efeito entre elementos (entre fatos) aparentemente desordenados. Portanto, banco de dados e narrativa são inimigos naturais. Competindo pelo mesmo território cultural, cada um reivindica o direito exclusivo de conferir um significado ao mundo [...] A mídia moderna é o novo campo de batalha em que se trava a competição entre o banco de dados e a narrativa".

Não é de agora que o narrativo e o numérico coexistem, mas o primeiro sempre dominava o segundo, como a numeração dos capítulos do romance realista. Hoje é diferente: *Cem objetos para representar o mundo*, instalação de Greenaway depois transformada em ópera, é um momento excepcional dessa *batalha* entre o narrativo e o banco de dados. *Dez* também: é e não é um catálogo de situações; não é um filme narrativo mas não deixa de ser; é um ensaio temático mas não completamente. Essas considerações nos ajudam a compreender como se encaminha o serialismo apontado acima em diversos filmes de Kiarostami. Visto dessa forma, *Dez* é um ícone das tensões da estética contemporânea.

Na literatura brasileira, uma das obras precursoras dessa batalha entre banco de dados e narração pode ser *A festa,* de Ivan Angelo, cujo título vem acompanhado da estranha menção: "Romance: contos". Obra marcante dos anos 70, sobre a qual publiquei comentários tardios em 1986, é um romance que não consegue se escrever e se estilhaça num conjunto de contos. Na época, essa estrutura dilacerada me pareceu ser uma das melhores expressões da dura situação política e cultural pela qual passava a intelectualidade brasileira. Não conseguindo construir a forma homogênea do romance, cuja narrativa convergiria na festa, o autor enfrenta o impasse, sem superá-lo, criando um catálogo. A última frase da narrativa é: "A festa vai começar". A seguir, as páginas do livro mudam de cor e inicia-se, com o título geral de "Depois da festa", um "Índice remissivo das personagens, por ordem de entrada ou de referência, com informações sobre o destino das que estavam vivas durante os acontecimentos da noite de 30 de março". O índice é composto de notícias cujo título é o nome do personagem ou a sua função (quando ele não tem nome), seguido pelo número da página em que comparece ou é citado pela primeira vez na narrativa. A impossibilidade de perfazer a forma harmoniosa do romance desemboca numa listagem mecânica.

Ao evidenciar o dispositivo e respeitá-lo ferrenhamente — ao qual se deve acrescentar o sumiço do diretor atrás da câmera —, *Dez* pode ser uma resposta à situação criada por um filme cuja trama desapareceu, cuja área temática é vastíssima e pouco definida. Como se, para conter uma possível dissolução, o filme fosse encerrado numa armadura. O que não impede algum desrespeito — assim como Frampton anunciou doze fotos em (*nostalgia*) e apresentou treze. No segmento nº 7, vemos pelo pára-brisa a prostituta afastar-se do carro em direção à avenida, onde tentará encontrar fregueses: esse é o único plano do filme em que a câmera está orientada para fora do carro. Podemos ver aí uma ironia do diretor, que brinca com sua armadura. Como o dispositivo é seguido à risca, esse plano tem um efeito retumbante, pois revela, de costas, um personagem até então mantido invisível e de quem só tínhamos ouvido a voz, e também porque o dispositivo se quebra. Essa quebra tem outra conseqüência para o espectador: como o dispositivo foi desrespeitado uma vez, isso poderá se repetir; cria-se, então, uma dúvida e nos tornamos ainda mais atentos à maneira como ele se comporta. Essa quebra não se repetirá, ficaremos até o fim com as duas câmeras fixas no capô e orientadas para a motorista e sua ou seu passageiro.

QUE CÂMERAS SÃO ESSAS?

"*Vilões nas ruas: celular não é o único, diz estudo* — Washington. Geralmente tido como vilão no trânsito, o celular não é o único ou o principal motivo de distração dos motoristas, segundo trabalho divulgado ontem por pesquisadores da Universidade de Carolina do Norte. Para a realização do estudo, foram instaladas câmeras nos carros de setenta pessoas por uma semana. Apenas 30% dos motoristas usam o telefone enquanto dirigem. Mas quase todos (97%) procuram coisas no carro ou na bolsa quando estão atrás do volante. E 91% *lutam* com os controles do rádio [...] O trabalho não foi bem recebido por todos. Para Jim Champagne, membro de uma comissão para segurança nas estradas, a melhor forma de avaliar os problemas causados pela distração ainda é verificar o motivo dos acidentes. Ele diz que há chances de o estudo ter problemas, pois os motoristas podem ter mudado de comportamento por causa da câmera."

Associated Press, Dee-Ann Durbin,
O Estado de S. Paulo, 7 ago. 2003

Atrás das câmeras de *Dez* não há diretor nem fotógrafo, elas não se movimentam, seu enquadramento não se altera. Elas lembram — *Sorria, você está sendo filmado* — as câmeras de vigilância, tão encontradiças em agências bancárias, supermercados, aeroportos, que não se relacionam com o que está à sua frente. Quando dotadas de movimento panorâmico, o deslocamento é independente de eventual movimentação de objetos filmados; elas são indiferentes. Como lembra Antoine de Baecque, Kiarostami já tinha trabalhado esse tipo de imagem pelo menos uma vez: o primeiro plano de *Vida e nada mais*, que tem pouco mais de um minuto de duração. No pedágio de uma estrada, a câmera está instalada de forma a captar a caixa de uma cabine e o rosto dos motoristas de carros de turismo que param para pagar; os caminhoneiros ficam mais no alto e se vê apenas a porta de seus veículos. Entre a câmera e a cabine, há uma via pela qual, de tempo em tempo, passam grandes caminhões que vedam o campo. As imagens são acompanhadas por buzinas e uma voz radiofônica que informa sobre o terremoto. Farhad, personagem do filme, é o oitavo a passar: após ele efetuar o pagamento e perguntar pelo caminho, o plano é cortado. A seguir, através do pára-brisa, vemos Farhad e o menino Puya: a câmera abandonou seu papel de vigilância e se tornou uma câmera narrativa. O uso sistemático desse procedimento em *Dez* implica uma estetização das câmeras de vigilância. Por estetização, entendo que o mecanismo dessas câmeras é retomado — Virilio fala de "uma visão sem olhar", de "adeus solene ao homem atrás da câmera", de "desaparecimento da subjetividade visual" —, mas despojado de sua finalidade original, isto é, o controle policial, o exercício do poder. Isso significa captar as imagens com a mesma técnica, porém de forma a inseri-las num contexto que lhes dê significação e valor simbólico. A gravação contínua das câmeras de vigilância constitui sem dúvida uma representação, pois não deixa de implicar um recorte temporal e espacial; entretanto, não se configura como linguagem, a qual só surge com a seleção de material e a montagem. Patrice Blouin comenta que Kiarostami inventou "a câmera de vigilância afetiva". Podemos até imaginar alguma correlação entre o uso desse tipo de câmera e o personagem principal de *Dez*. Kiarostami despoja essas câmeras de seu poder policial e as põe a serviço de Mania, que quer se ver livre da autoridade masculina — o que é coerente com a "eliminação" do diretor.

> As microcâmeras de vigilância e suas imagens parecem exercer atração sobre algumas pessoas e lhes sugerir um uso artístico. Em *Cosmópolis*, romance de Don DeLillo, o magnata Eric ativa diversas câmeras para verificar o que está ocorrendo em torno de seu carro, bloqueado pelo trânsito: "Esses recursos pareciam a Eric brinquedos, talvez coisas a serem usadas em videoarte". Várias pessoas já se pegaram absorvidas ao olhar, em alguma portaria de edifício, imagens transmitidas por câmeras de vigilância — entre elas, Jorge Furtado e eu. Essas imagens fascinam. Jorge, que chama tais monitores de "TV Portaria". Segundo ele, essa atração é provocada por imagens que apresentam fatos reais no exato momento em que estão acontecendo. A isso eu acrescentaria que a ausência de corte, a longa duração e a pouca definição dessas imagens sujas lhes conferem poder de fascínio, pois elas não foram retrabalhadas, não se organizam em linguagem e têm a sedução do material bruto.

Quando os cineastas começaram a se motivar por essa automação da percepção — por essa *visiônica*, como se convencionou chamar essa tecnologia de vigilância, segundo Arlindo Machado? Já nos anos 70, Wim Wenders integrou à linguagem cinematográfica imagens dessa proveniência em *O amigo americano*. Após um crime ocorrido no metrô, três monitores apresentam, numa mesma imagem cinematográfica, momentos da fuga do assassino captados por câmeras em diversas posições; o fugitivo vai passando de monitor em monitor. Mas o precursor do uso cinematográfico dessas câmeras, antes mesmo de sua difusão em nossa sociedade policiada, pode ser Andy Warhol, que realizou *Sleep* (1963) e *Empire State Building* (1964), filmes de longuíssima duração, com câmera fixa, em tempo real, apenas com as interrupções necessárias para troca de bobinas, já que na época ainda não se trabalhava em digital. Virilio encontra um precursor anterior e escreve, a respeito de John Ford, que filmou a Guerra do Pacífico: "Dessa carreira militar, ele guardará, entre outras coisas, movimentos de câmera quase antropomórficos que prefiguram a varredura ótica das câmeras de vigilância".

Citado por Paul Virilio, François Niney (2002) e Arlindo Machado, um filme marcou época nos anos 80: *Der Riese/ O gigante*

(1984), do tcheco Michael Klier. O filme seria "o momento em que o ordinário e o banal do funcionamento desses sistemas transfiguram-se em imagens assombrosas de um pesadelo", conforme palavras do realizador reproduzidas por Machado, que qualifica a obra de "poema videográfico". Composto de materiais gravados na Alemanha em aeroportos, estacionamentos, ruas, lojas, metrô, bancos, residências, o filme é severamente criticado por Niney: acompanhada de música de Mahler e Wagner, a montagem subjetivizaria o material ao despojá-lo de seu caráter de visão anônima; seria uma "reação romântica", pois restitui a essas máquinas um olhar de que são desprovidas.

Consuelo Lins aponta as câmeras de vigilância e os agentes de segurança que vemos no *Edifício Master*, de Eduardo Coutinho, como "um traço central do cotidiano nas grandes cidades contemporâneas: intensificação e generalização do controle". "Não é à toa que a primeira imagem do filme é a de uma das câmeras de vigilância. Nela, Coutinho está chegando com parte da equipe. [...] A equipe é desde o início colocada também sob o olhar dos outros. Estamos filmando, diz o filme, mas também somos filmados, indicando ao espectador uma espécie de circuito fechado, uma perda de mundo em favor unicamente das imagens [...]."

Seu pai já disse que isso não é brinquedo, de Kiko Mollica, é o único filme brasileiro, que eu saiba, a aproveitar a visiônica com fins ficcionais. Para as filmagens foram usadas apenas câmeras amadoras, de segurança, de programa de TV, e webcâmeras. Para as cenas no metrô, "reproduzimos os enquadramentos de quinze câmeras de vigilância da estação de metrô Vila Madalena", informa Mollica no *making of* intitulado *10 comentários sobre a produção de meu primeiro curta-metragem "Seu pai disse que isso não é brinquedo"*. Nessas imagens, letreiros simulam a fonte, como, por exemplo: ACESSO HEITOR PENTEADO. Da mesma forma se reproduziram imagens de câmeras de supermercados, de prédios. A filmagem do ator principal caminhando pelas ruas é ainda mais interessante: "Gravamos várias cenas através das câmaras que vigiam o trânsito da cidade de São Paulo". Aqui não se trata de reprodução: Mollica usou as próprias câmeras de vigilância, e as imagens foram recebidas no escritório da Companhia de Engenharia de Tráfego (CET) e conservaram a indicação de sua fonte: ENG VIO × AL PRES BERNARDES ET 3403. É como se a encenação constituísse uma infração ao uso comum dessas câmeras, que não foram instaladas para filmar ficções. A marcação do ator foi condicionada pelo posicionamento das câmeras nas ruas e por seu movimento de varredura.

No início do filme, Mollica consegue um efeito notável: no primeiro plano, estilo webcâmera, uma moça fala ao telefone com Vamberto. Temos dois personagens, a moça e seu interlocutor ainda ausente. Seguem-se nove planos filmados no metrô e na escada de acesso à rua. Eles apresentam alternadamente uma e quatro imagens, como nos monitores. Percebemos logo a presença repetida de um homem cuja camisa é vistosa. Já o identificamos como sendo provavelmente o interlocutor. A partir daí, passamos a procurá-lo nos planos de quatro imagens. O que é instigante é que o filme leva o espectador a praticar a vigilância, como se de repente ele tivesse se tornado um policial que pesquisa imagens das câmeras de vigilância a fim de esclarecer algum delito. O filme é mais do que um trabalho sobre a visiônica de que o espectador tomaria conhecimento, pois o coloca, logo no início, numa situação em que pode experimentar ele próprio uma simulação de vigilância.

O sistema de duas câmeras, sempre com o mesmo ângulo e o mesmo enquadramento — com exceção do plano da prostituta —, implica sério empobrecimento da linguagem, que poderia provocar um certo tédio. Há quem — como Vincy — lamente que o dispositivo do filme tenha levado Kiarostami "a aventurar-se por caminhos mais televisivos" do que cinematográficos, a retomar conceitos de programas como *La Route*, *Ça se Discute* ou

Oprah Winfrey Show, e misturar voyeurismo com *reality show*: "egocêntrico, o filme não tem começo nem fim [...] Em resumo, tudo isso provoca algum aborrecimento". No entanto, as reações mais freqüentes não vão nesse sentido. Maxstar observa que "um cinema minimalista que olhasse para o próprio umbigo não teria mais interesse do que esses incontáveis *blockbusters* sem alma", mas ocorre que "o postulado de partida é rapidamente esquecido [ufa!], tamanha a impressão de verdade deixada pelas improvisações dos diversos protagonistas". Essa foi a atitude de grande parte da crítica: quanto ao dispositivo, tudo bem, porém deixamos de percebê-lo em favor do que importa de fato, as questões levantadas pelos diálogos sobre a situação das mulheres, pois essa é a verdadeira intenção de Kiarostami. Em resumo: nada de formalismo, sejamos humanistas.

Mas a própria atitude *humanista* se apóia no dispositivo, pois se ergue em parte como defesa contra ele. Além disso, é ele que concentra a atenção do espectador sobre os diálogos, já que não há outra opção senão ouvir os diálogos (ou ler as legendas) e observar a expressão das atrizes. É o dispositivo que, ao transformar o espaço fechado do carro num "gineceu" (Pujol e Garson), qualifica todo o exterior como masculino. Nossa concentração sobre a temática feminina desenvolvida nos diálogos nos permite interpretar o pouco que vemos da rua através das janelas da motorista ou dos passageiros. Com exceção de algumas mulheres percebidas entre os transeuntes, e de uma velha que recusa a carona que Mania lhe oferece, o espaço exterior é masculino. No primeiro segmento, vários homens olham com insistência para o carro do filme, e eles marcam uma presença masculina, mas trata-se de curiosidade motivada pelas câmeras fixadas no capô. Kiarostami logo se deu conta de que não seria possível filmar no trânsito intenso do centro de Teerã, como era sua intenção inicial, e assim aconselhou Mania a procurar bairros mais afastados (num dos segmentos, vai até uma auto-estrada que levaria à casa da avó). Entretanto, toda vez que o menino Amin percebia que não estavam rumando para a piscina, ele se desconcentrava; por isso adotaram finalmente o verdadeiro caminho da piscina para o primeiro segmento (Blouin e Tesson). A relação entre Mania e o exterior é quase sempre agressiva: ela fica bloqueada por um homem que parece ter parado o carro no meio do trânsito; estaciona diante de uma loja, mas percebemos que o lojista se irrita e deseja que ela saia; ela discute com homens cujo carro está estacionado na contramão etc. O que poderia não passar de pequenas anotações, e compor uma representação realista do trânsito em Teerã, é interpretado, à luz da temática feminina dominante no interior do carro, como a supremacia dos homens, hostis às mulheres. O que não quer dizer que o "gineceu" seja o reino de mulheres vitoriosas. Quase todas as conversas entre elas giram em torno de homens que as deixam infelizes — com exceção do atual marido de Mania. E, sobretudo, em quatro dos dez segmentos, nesse "gineceu" há um homem que ocupa a poltrona do passageiro: um filho cujo despotismo é intolerável. A montagem deixa claro que, apesar de ser uma mulher em luta por sua independência, Mania não tem ganho de causa nem mesmo dentro de seu carro: o filme abre com um plano do filho, de duração espantosa, superior a dezesseis minutos, e é também com um plano dedicado ao filho que o filme se fecha.

Se o dispositivo é produtor de sentido temático como tentei indicar acima, ele tem também outro efeito, não menos poderoso. A duração incomum do plano de abertura de *Dez* — que focaliza Amin sem nenhum corte (aparente), sem nenhum movimento de câmera, sem nenhum reenquadramento — provoca estranhamento. No início, tudo bem, sobretudo para quem gosta de planos longos: podemos perceber o comportamento do menino e refletir detidamente a respeito. Mas, passados quatro ou cinco minutos, começamos a questionar o filme e a nos questionar sobre o que estaria acontecendo. A decisão de Kiarostami ao propor essa abertura permite ao espectador construir, logo de início, um relacionamento com o filme que vai perdurar e se enriquecer durante o resto da projeção: por um lado, concentrar-se no personagem, em suas atitudes, suas falas e nas falas *off* da mãe, de forma a assim mobilizar intensamente o espaço fora de campo; por outro, perceber e se interrogar sobre a maneira de filmar e de montar. Essa bipolaridade é constante, às vezes o dispositivo é quase esquecido de todo em favor dos personagens, outras vezes ele volta à tona com toda a força. O monumental ponto de exclamação armado pelo plano da prostituta, que vai se aproximando dos carros em busca de clientes na avenida, permite vivenciar com intensidade esse espaço entre os dois pólos. Vemos enfim o personagem cuja voz ouvimos mas permaneceu invisível por mais de doze minutos, portanto nos interessamos por ele, queremos saber como ele é, o que vai fazer. Contudo, como o plano quebra o sistema que o filme vinha seguindo rigorosamente, somos pegos de surpresa e o dispositivo é percebido com intensidade.

Que relação o espectador estabelece com o dispositivo? Por que essa redução da linguagem a uns poucos elementos mínimos, esse nível quase zero da linguagem, exerce sobre nós o que podemos chamar de fascínio? Acredito que seja seu caráter (aparentemente) tosco, sua brutalidade — no sentido de material bruto, que não teria sido manipulado, não teria sido reelaborado, mas entregue ao espectador tal qual foi captado. Embora gerado por técnicas digitais, nos agarramos a esse material (aparentemente) bruto em resposta a dúvidas que hoje provocam em nós a multiplicidade das imagens que nos cercam e nas quais não confiamos. Vão longe os tempos em que aceitávamos a fotografia, fixa ou cinematográfica, como prova de realidade, e em que a certeza de que o que víamos tinha realmente estado na frente da câmera. Tantas foram as transformações pelas quais passaram nos últimos anos a produção de imagens e sua reprodução que ficamos numa insegurança constante quanto a tudo o que vemos. O material bruto de Kiarostami como que nos tranqüiliza: vemos e ouvimos o que de fato vemos e ouvimos. Resistimos a uma dissolução na virtualidade.

> "Todas as obras têm esse caráter de coisa (*das Dinghaft*). O que seriam sem ele? Mas talvez fiquemos surpreendidos com essa perspectiva assaz grosseira e exterior da obra. Essa poderia ser a perspectiva do vigia ou da faxineira do museu. Há que considerar as obras tal como se apresentam àqueles que delas têm a vivência e as apreciam. Mas ocorre que a tão falada experiência estética não pode desprezar o caráter coisal da obra de arte. Há pedra no monumento. Há madeira na escultura talhada. Há cor no quadro. Há som na obra falada. Há sonoridade na obra musical. O caráter de coisa está tão incontornavelmente na obra de arte que deveríamos até dizer antes ao contrário: o monumento está na pedra. A escultura está na madeira. O quadro está na cor. A obra da palavra está no som da voz. A obra musical está no som. Evidentemente, dir-se-á. É certo. Mas o que é esse óbvio caráter de coisa na obra de arte?"
>
> Martin Heidegger

A primeira vez que senti o impacto da brutalidade de Kiarostami foi em *Close-Up*. Tata Amaral e eu chegamos às lágrimas quando, no encontro entre o "impostor" Sabzian e seu ídolo Makhmalbaf, ouvimos o técnico de som anunciar: "O som foi cortado... Pode ser o plugue ou o microfone no pescoço de Makhmalbaf... O equipamento é velho... Tem um fio solto em algum lugar". O som volta, cheio de interferências, Makhmalbaf abraça Sabzian, que chora, e ouvimos suas falas. O cineasta aceita levar Sabzian de moto à casa dos Ahanjah, ouvimos seu diálogo, eles param para comprar flores, continuamos ouvindo suas falas, mas o som falha cada vez mais. Eles voltam à moto e a viagem prossegue, não há mais som direto, ele é substituído por música. Ficamos impressionados que Kiarostami tivesse decidido aproveitar esse som, apesar da precariedade. O que era compreensível: o encontro era um momento único, não podia ser repetido, era melhor montar o som tal como estava do que eliminá-lo ou repetir a cena, pois não seria mais o verdadeiro encontro, mas uma ficção representada.

Um impacto de não menor intensidade do que esse primeiro ocorreu quando li que não houvera nenhum problema de som na filmagem! O *acidente sonoro* fora criado na sala de montagem. Kiarostami declara: "Hoje, o que me impressiona são os acidentes que acontecem num filme, fora do controle do diretor. Coisas que escapam ao roteiro e aos atores — acidentes felizes que ninguém pode prever ou planejar" (Said). E quando um acidente desse tipo não acontece, só resta uma solução: inventá-lo.

O choque e o contrachoque: a experiência da primeira vez que vemos o filme é uma experiência vivida que a informação posterior e exterior à obra não anula nem altera. O que a nova informação modifica é meu atual conhecimento do objeto, não a vivência passada. A mudança ocorre apenas em relação ao conhecimento do objeto? Acredito que não. Sei também que minha percepção, mesmo que fortemente induzida pelo artista, foi equivocada, porque o objeto permanece inalterado, antes e depois da informação suplementar. Passo então a duvidar da minha própria percepção. Se sobre ela paira a dúvida, esta se estende necessariamente ao sujeito da percepção. Não posso me considerar uma estátua de mármore imune aos objetos duvidosos e às percepções duvidosas. Fico exposto diante de mim mesmo na minha fragilidade, na minha incerteza.

Um choque de igual intensidade — embora em sentido inverso — ocorreu quando cheguei ao fim do romance *Nove noites*, de Bernardo Carvalho, mais exatamente à página de "Agradecimentos", que abre com a frase: "Este é um livro de ficção, embora esteja baseado em fatos, experiências e pessoas reais". Isso, é lógico, eu tinha percebido. A citação de instituições como o Serviço de Proteção aos Índios ou de pessoas que eu conhecia de nome — como Heloísa Alberto Torres (embora não soubesse que tinha sido diretora do Museu Nacional do Rio de Janeiro), os antropólogos Alfred Métraux, Lévi-Strauss e sua expedição no Mato Grosso documentada em *Tristes trópicos* — construía referências reais para enquadrar a ficção, e fazia aceitar como reais outras que eu desconhecia, como o senhor Cildo Meireles, inspetor do SPI, a professora Ruth Benedict da Universidade de Columbia ou o Conselho de Fiscalização das Expedições Artísticas e Científicas. Essas referências emolduram a ação, que gira em torno do personagem de ficção, o antropólogo americano Buell Quain, cuja morte Bernardo Carvalho investiga com precisão e ritmo que prendem o leitor. Durante a leitura, achava improvável que a correspondência ativa ou passiva de Heloísa Alberto Torres ou Ruth Benedict fosse documental: era criação literária conotada por índices de realidade. Fotografias inseridas no texto, sem legendas, foram aceitas também como índices de realidade, embora não remetessem necessariamente a pessoas ou personagens mencionados no texto.

O choque se deu quando, nos "Agradecimentos", o autor comenta que na pesquisa que precedera a redação contou "com o auxílio de várias pessoas, a começar por Mariza Corrêa. Sem ela, provavelmente eu nunca teria sabido da existência de Buell Quain e este livro não existiria". Portanto, o antropólogo americano não era fruto da imaginação de Bernardo Carvalho, como eu acreditava piamente, mas tinha uma base real. O leitor que eu fui só pode considerar literariamente hábil o autor ter deixado para o final os "Agradecimentos", que a meu ver não são um suplemento, mas integram a obra. Assim, torna-se impossível diferenciar os dados reais e a imaginação do romancista. O que nos permite perceber se a correspon-

> dência citada é real ou se Ruth Benedict é ou não personagem de ficção? A dúvida fica pairando sobre quase todas as informações do romance.
>
> O leitor que conhecesse previamente a existência de Buell Quain só poderá ter feito uma leitura diferente da minha.

Kiarostami explica que, embora não fosse sua intenção inicial, "eliminou as vozes" nos planos do encontro entre Sabzian e seu ídolo para solucionar um problema: Makhmalbaf sabia que estava sendo filmado e "trabalhava para a câmera, e o outro [Sabzian], que não sabia, estava muito natural, era ele mesmo. Havia uma espécie de antagonismo entre os dois, não era muito crível nem muito bonito de ver" (Blouin e Tesson). Para Michel Ciment (1991), Kiarostami precisa: "Quando Sabzian saiu da cadeia, a cena foi filmada com uma câmera escondida, e ele não sabia que encontraria Makhmalbaf". Falando com Stéphane Goudet (1997), acrescenta outra explicação: "De qualquer maneira, o diálogo entre Sabzian e Makhmalbaf não era realmente interessante". Com Hormuz Kéy, ele aprofunda a questão do diálogo: "A discussão entre Makhmalbaf e seu fã evidenciava uma outra noção que não era necessário incluir no filme". Perguntado sobre a "noção", ele explica: "Na realidade, era uma noção de julgamento sobre a personalidade de Makhmalbaf. Não era nossa finalidade que tudo o que Makhmalbaf dizia provocasse um julgamento dos espectadores sobre ele". Também para Goudet (1997), ele encontra outra justificativa; acidente técnico, sim, mas não na filmagem: "Danifiquei o som enquanto estava montando o filme [o que é pouco crível]. Por isso tive a idéia de utilizar esse efeito de microfone mal conectado". Kiarostami comenta a reação do técnico de som: "Todo mundo dizia ao técnico que não lhe dariam mais trabalho porque tinha fracassado naquela tomada de som. Todos pensavam que era culpa dele, embora o som tivesse sido pós-sincronizado com os cortes. Poderíamos ter repetido a tomada se isso não tivesse sido intencional. Quando eu quis cortar a faixa sonora com tesouras, o técnico de som de *Close-Up* lançou um olhar cheio de significação, ele não acreditou que eu o faria. Recusou-se a cortar ele mesmo a faixa sonora. No fim, eu mesmo o fiz, enquanto ele andava para cá e para lá no outro lado da sala, acompanhando o que eu estava fazendo com um olhar que dizia: *Com suas próprias mãos, ele está destroçando o som do filme!*" ("Le Monde d'A. K.").

Mas nem todo mundo concorda com as explicações de Kiarostami. Mohsen Makhmalbaf (em entrevistas, Makhmalbaf e Kiarostami deixam transparecer vagamente que não têm grande apreço um pelo outro) disse a Goudet (1996) que "estávamos na moto, Sabzian e eu, e ele não queria trabalhar no filme. Durante todo o trajeto eu me esforcei para convencê-lo de que era uma coisa boa". Em nenhuma das declarações a que tive acesso, Kiarostami alude a esse teor da conversa entre os dois. Não que o problema não tenha existido, o próprio Kiarostami relata a Hormuz Kéy que "Sabzian era realmente incrédulo e cético em relação a nós. Quando o tiramos da cadeia, marcamos um encontro um dia de manhã para o início da filmagem, mas ele não veio. Chegou de tarde. Fiquei apreensivo, fui falar com o juiz. Ele me disse: 'O senhor que vocês liberaram veio hoje de manhã [ao tribunal] para fazer uma queixa contra o senhor' [...] Cheguei à conclusão de que esse rapaz tinha enfrentado muitos mal-entendidos na vida, no decorrer de seus trinta e cinco anos, e que tinha visto de tudo nesta sociedade. Então ele duvidava de tudo e de todos [...] Era natural que um homem como ele pensasse que havia um complô contra ele [...] Por isso era um homem difícil

[...] Até o fim do trabalho, fiquei numa inquietação permanente. Não dormi durante quarenta dias. Desde o primeiro dia de filmagem até o fim, pensava que não acabaria o filme. Todas as noites, quando chegava em casa, pensava que no dia seguinte a família Ahanjah jogaria fora as minhas coisas e me diria que não era possível continuar. Ou então receava que Hossein Sabzian abandonasse a filmagem". Em momento algum Kiarostami abordou o problema no filme.

Quanto à saída da cadeia na cena do som cortado, Makhmalbaf fornece a Goudet outras precisões: "Sabzian já estava livre nesse momento. Nós lhe pedimos que voltasse à cadeia para filmar sua saída!". "Nós" quem? Makhmalbaf e Kiarostami? Só Kiarostami? Se lhe pediram que voltasse à cadeia para ser filmado, então não há consistência no argumento de que Sabzian, diferentemente de Makhmalbaf, não sabia que estava sendo filmado. E tem mais: "Quando filmamos a cena do encontro diante da cadeia, Sabzian estava livre fazia uma semana. Portanto ele teve de sair de casa e voltar à cadeia. Mas, antes de entrar na cadeia, percebeu a minha presença e se precipitou na minha direção para me cumprimentar. Ora, para conservar o entusiasmo e o frescor da cena, não devíamos nos encontrar. Então levamos Sabzian de volta à cadeia e lhe explicamos que sairia logo em seguida". E Makhmalbaf complementa: "A idéia de cortar o som já estava presente, embora não houvesse propriamente um roteiro detalhado". Essas e muitas outras informações divergem ou contradizem as fornecidas por Kiarostami. Mas devemos acreditar em Makhmalbaf?

A respeito da mentira, Jean-Jacques Rousseau escreve: "Julgar os discursos dos homens pelos efeitos que produzem é inúmeras vezes apreciá-los mal. Além de esses efeitos nem sempre serem perceptíveis e fáceis de se conhecer, eles variam ao infinito como as circunstâncias nas quais são afirmados. Porém, é unicamente a intenção daquele que os profere, que os aprecia e determina o seu grau de malícia ou bondade. Somente pela intenção de enganar, dizer o que é falso é mentir, e a própria intenção de enganar, longe de estar sempre associada à de prejudicar, algumas vezes tem o objetivo inteiramente contrário. Todavia, para tornar uma mentira inocente não é suficiente que a intenção de prejudicar não seja expressa; faz-se necessária ainda a certeza de que o erro no qual são lançados aqueles a quem se fala de nenhuma maneira possa prejudicar nem a eles mesmos nem a ninguém. É raro e difícil que se possa ter essa certeza; assim, é raro e difícil que uma mentira seja completamente inocente. Mentir para sua própria vantagem é impostura, mentir para a vantagem de outrem é fraude, mentir para prejudicar é calúnia — é a pior espécie de mentira. Mentir sem proveito nem prejuízo para si nem para outrem não é mentir: isso não é mentira, é ficção" (dicionário da época define *ficção* como *invenção poética, produto da imaginação*).

Kiarostami mente? Haveria uma cultura da mentira no Irã? Talvez, a acreditar no que ele diz: "O homem de hoje é a manifestação de uma mentira, dos pés à cabeça. Só a criança diz a verdade. Pois ela não conhece ainda as relações e os imperativos sociais. Na nossa sociedade, como vimos no filme *Lição de casa*, aprendemos a não dizer o que pensamos e a dizer outra coisa. Nós nos educamos essencialmente com a mentira. Somos sempre ameaçados ao nos mostrar como somos realmente. Nossa verdade nos ameaça. Então renegamos o que somos realmente. Assim, nos preocupamos em esconder nossos defeitos. Não temos uma definição exata do que seja um defeito, ainda que, na maioria das vezes, nossos defeitos sejam nossas desculpas" (Kéy). As crianças dizem a verdade? Em *O vento nos levará*, o jovem Farzad confessa ter dito a verdade quando membros da equipe de TV lhe pediram informações sobre a saúde da velha senhora — Behzad preferiria que não o tivesse feito. Mas a criança diz a verdade em *Vida e nada mais?* Como foram informados de que só podiam passar pela estrada principal carros que levassem mantimentos para as vítimas, Puya sugere que, se não os deixarem passar, digam que estão levando provisões para os garotos de *Onde fica a casa do meu amigo?*. O pai não acha má idéia. Puya propôs uma mentira, que não chegou a ocorrer porque a situação prevista não se concretizou. Em *Onde fica a casa do meu amigo?*, as crianças apresentam ao professor uma lição feita por Ahmad como tendo sido feita por Nematzedeh — o que o professor aceita como sendo verdade. Essas crianças estão aprendendo a se tornar adultos.

No tocante a *Close-Up*, apesar de contradições em entrevistas, Kiarostami tem uma posição segura: "Para mim, a realidade filmada não é mais real. Portanto, trucagens e a maquinaria permitem simplesmente voltar à realidade que somos em geral incapazes de filmar" (Blouin e Tesson). "Nunca prometi a ninguém ser um documentarista. A objetividade é problema deles, não meu" (Niney, 1991).

Abbas Kiarostami mente? Makhmalbaf também, ou diz a verdade? Seria o momento de elucidar a questão, caso este livro fosse um romance policial, mas não é, é um ensaio de ficção. A questão não é indagar se a realidade foi falseada e de que forma, e então substituir um falseamento por uma verdade. A interrogação é outra: não "quem é quem, o que é o quê?", e sim: "importa saber quem é quem, o que é o quê?". Por que importa? Saber o quê? Sabzian se fez passar por Makhmalbaf junto à família Ahanjah, *Close-Up* gira em torno dessa "impostura", mas será ela o cerne do filme? Talvez não. Em torno da situação criada por Sabzian, a temática se amplia: as pessoas são elas mesmas?, as pessoas desejam ser elas mesmas ou ser outras? Kiarostami: "Nessa história, cada um quer ser um outro: o religioso quer ser juiz, o motorista de táxi piloto de avião, o jornalista se faz de Ornella Fallaci" (Niney, 1991). De fato, o jornalista comenta que o assunto Sabzian poderia ser digno de uma reportagem da famosa jornalista italiana, autora de entrevistas com políticos célebres, incluindo o aiatolá Khomeini. O taxista teria perdido seu cargo na aviação em conseqüência da Revolução Islâmica, o que explica seu olhar voltado para cima seguido da inserção de um inesperado plano de avião na cena em que está esperando a volta do jornalista. Só Makhmalbaf não teria problema de identidade; entretanto, segundo Kiarostami, nem ele escapa: "O próprio Makhmalbaf quer ser ator em vez de realizador" (Niney, 1991). Pensando dessa forma, Sabzian também se desdobra: no filme ele é o ator que interpreta a pessoa que fingiu ser Makhmalbaf, mas na condição de ator não é impostor. E a contrafação pode parecer mais real ou mais interessante que a realidade: Kiarostami lembra que, quando a senhora Ahanjah conheceu Makhmalbaf (o verdadeiro), ela lhe disse: "Senhor Makhmalbaf, devo lhe dizer uma coisa. O outro senhor era muito mais Makhmalbaf do que o senhor" (Kéy). Kiarostami acha que essa observação veio do fato de que o falso Makhmalbaf tinha que se esforçar em parecer o verdadeiro, por isso ele contava histórias, falava de cinema, enquanto o verdadeiro não fazia esforço nenhum para parecer o que era de fato, ficava silencioso e se tornava desinteressante. Então, em *Close-Up*, só Kiarostami, que aparece como realizador do filme durante a entrevista com Sabzian na cadeia, coincidiria consigo mesmo? Não é a imagem que ele tem de si próprio. Mais de uma vez Kiarostami afirmou sentir-se próximo de Sabzian: "Lembro-me de ter feito, mais de uma vez, exatamente a mesma coisa que Sabzian, isto é, criei para mim uma falsa personalidade, porque não estava satisfeito com minha personalidade aparente [...] Em algumas ocasiões temos vontade de ser outra pessoa, porque estamos cansados de sermos nós mesmos" (Kéy).

> Jorge Furtado lembra que, durante a produção de *Palavras divinas*, da série Cena Aberta da TV Globo, Regina Casé explicou que era fácil encontrar atores não profissionais, porque as pessoas "estão com vontade de tirar umas férias de si mesmas".

Acredito que a insistência de Kiarostami sobre esse tema expressa uma tensão entre *ser* e *ser outro*, entre duas imagens: a que se tem de si e a que se deseja ter. Da mesma forma como insiste sobre o ser outro, também insiste sobre o quanto é importante para as pessoas terem uma imagem de si mesmas — imagem aí entendida não como representação mental, mas como objeto visual. Em *Onde fica a casa do meu amigo?*, o professor repreende severamente Nematzedeh por ele ter feito sua lição de casa em folhas soltas e não no caderno; então rasga o dever, que não foi feito como devia, e o garoto chora de modo convulsivo. Perguntado sobre a realização dessa cena (Limosin), Kiarostami explica que rasgaram a fotografia do rapaz na sua frente e ele chorou por causa da foto rasgada. Quando o professor rasga os papéis, no meio deles devia existir uma foto. Esse apego à própria fotografia foi aproveitado em *O passageiro*: um rapaz da província resolve assistir a um jogo de futebol em Teerã; a fim de arrecadar fundos para a viagem ele trapaceia com várias pessoas e tira fotos de meninos que lhe pagam para ter um retrato. Mal sabem eles que não há película na máquina. Para Kiarostami, essa é uma trágica impostura. Como acontece freqüentemente em sua obra, essa cena ecoou em outro filme, *Close-Up*, quando Sabzian declara no processo: "Sou como o menino do filme, que fingia tirar fotos numa máquina sem filme a fim de ganhar dinheiro para ir ao jogo de futebol em Teerã. Naturalmente não viu o jogo, porque estava cansado e adormeceu pouco antes do início da partida. Eu também tenho a sensação de ter perdido o jogo".

Youssef Ishaghpour interpreta essa vontade de ter a sua imagem no cinema de Kiarostami: "Ter sua imagem permite, talvez, sair do fluxo ininterrupto, desse magma dos sem-nome da terra. Assim como, dizem, cada coisa espera que um poeta a nomeie para enfim existir realmente, pode ser que ela também espere por sua imagem. E se cada um deseja ser fotografado para ter a prova visível, pelo menos para si próprio, de que existe, que existência superior, que prestígio não experimentará/terá ao tornar-se visível a todos, ao aparecer na tela, no cinema". Por acaso, uma cena do filme de Limosin ilustrou essa aspiração de aparecer no cinema: num café, sentado de costas para uma janela, Kiarostami está tecendo considerações sobre a vontade de as pessoas interpretarem seu próprio papel, quando na rua alguns transeuntes, percebendo a filmagem, fazem de tudo para entrar no quadro e chamar atenção; ele perde a concentração e comenta: "Exemplo vivo". Mas a imagem não é só para os outros, ela é uma revelação de cada um para si próprio: "Você tem consciência da sua realidade após ter visto sua imagem", e, citando explicitamente Descartes: "Tenho uma imagem, logo sou". A imagem é, portanto, ao mesmo tempo revelação de si e possibilidade de ser outro. E não somos nem uma imagem nem outra, mas uma oscilação entre as duas. A entrevistadora finaliza o filme de Limosin com a pergunta: "Você é o verdadeiro Abbas Kiarostami?". Ele lhe pergunta o que acha, ela responde que não sabe, e ele conclui: "Eu também não. Mas Abbas Kiarostami não é absolutamente verdadeiro. Como um nome pode ser verdadeiro?".

Kiarostami generaliza: "Na Inglaterra, por exemplo, vi livrinhos que ensinam aos leitores como podem apresentar-se como piloto, médico ou arquiteto de forma que todo mundo acredite. Eles fornecem expressões e palavras que dão essa possibilidade aos leitores. Isso mostra que, até nas sociedades industrializadas e abastadas, esse fenômeno existe, e que, de qualquer modo, independentemente da origem social, temos às vezes vontade de ser um outro. Quero dizer que esse fenômeno não está ligado à situação da sociedade iraniana de hoje e que suas raízes são muito mais profundas e amplas" (Kéy).

Esse metamorfosear-se de pessoa em pessoa parece um processo infinito, que gruda em nós. Quando o juiz pergunta à família Ahanjah se estaria disposta a perdoar Sabzian, Mehrdad, um dos filhos, responde: "Eu o perdoaria se desta vez ele tivesse sido honesto. Mas, pelo que acaba de dizer, continua representando. Naturalmente agora está interpretando outro papel. Em vez de interpretar Makhmalbaf, está fazendo o papel de uma pessoa emotiva". Um pouco mais tarde, Kiarostami cutuca Sabzian: "Não acha que está representando diante da câmera agora? O que está fazendo agora?". Sabzian nega: "Estou falando sobre meu sofrimento. Não estou representando". Mas vem nova pergunta: "E por que quis interpretar o papel de diretor de cinema e não de ator?". Sabzian: "Mesmo quando eu interpretei o papel de um diretor de cinema não deixei de ser um ator". Mais uma: "Que papel gostaria de interpretar?". Sabzian: "Meu próprio papel". Kiarostami conclui: "E chegou ao seu próprio papel". Sabzian fica perdido num longo silêncio meditativo. Até quando é ele mesmo, está interpretando um papel, o seu, como se não pudesse não interpretar. Os créditos finais de *Close-Up* apresentam Sabzian como "ator". Talvez esse não seja o *seu próprio papel*, talvez seja um dos seus papéis. De fato, em *Close-Up, Long Shot* — documentário no qual são entrevistados, além de Sabzian, alguns amigos e familiares, sem o comparecimento de Kiarostami nem Makhmalbaf —, Moslem Mansou e Mahmoud Chokrollahi apresentam um Sabzian pós-*Close-Up*: um pouco envelhecido, ele está infinitamente mais relaxado, sorri várias vezes e chega mesmo a rir.

Kiarostami vai mais longe: "O impostor, sou eu", e completa: "Sua vítima, sou ainda eu" (Goudet, 1997). De quem ele seria vítima? De Sabzian? Ou dele mesmo, dele impostor? "Isso não é só mitomania", diz Kiarostami. "O ser humano quer ser outro" (Niney, 1991).

Que todos sejam impostores, não é exatamente o que pensa Sabzian; a palavra mais exata seria "escroques". No depoimento que dá a Mansou e Chokrollahi, ao falar de seu amor pelo cinema declara: "A única coisa que o cinema me trouxe foi me mostrar como escroque. Nesse caso, todo mundo é escroque. Veja aquela família que, valendo-se de Makhmalbaf, queria se tornar conhecida. Isso já é escroqueria. Talvez eu tenha enganado os seus sentimentos. Mas quando olhamos os fatos... Ou aquele jornalista que queria publicar o caso para se tornar uma nova Ornella Fallaci, me usando como trampolim para alcançar sucesso.

Isso também é uma forma de escroqueria. Ou até o senhor Kiarostami, que aproveitou o assunto e se tornou famoso no mundo inteiro [...] Pensando bem, não deixa de ser também outra forma de escroqueria".

Até o próprio *Close-Up* seria uma impostura, já que tudo é "falso". Além das cenas evidentemente reconstituídas, é falso que a cena da saída da cadeia seja de fato a liberação de Sabzian, falso que o encontro entre Makhmalbaf e Sabzian seja o primeiro, falso que o encontro de Kiarostami com Sabzian na cadeia seja o primeiro — conforme o filme deixa entender. De fato, Makhmalbaf relata: "Fomos [Kiarostami e eu] ver Sabzian na cadeia, mas Kiarostami quis falar pessoalmente com ele. Eu estava atrás da vidraça durante o encontro. Para o filme, essa conversa foi reencenada e a câmera foi colocada exatamente no meu lugar. Em resumo, a única cena documentária do filme é o processo. Todo o resto foi encenado" (Goudet, 1996). Makhmalbaf usa a expressão *cena documentária* para dizer que ela estaria conforme à realidade e teria sido captada ao vivo, contudo até essa ilusão Kiarostami se encarrega de desmanchar. Durante o julgamento não havia como conversar com Sabzian diante da câmera que o filmava em close-up. A filmagem em close-up ocorreu dentro do tribunal, só que após o julgamento, durante nove horas. "Portanto reconstituímos uma grande parte do processo na ausência do juiz [...] Como inseri de vez em quando na montagem alguns primeiros planos desse juiz, eu mostrava que ele continuava presente e reagia à totalidade dos debates". E conclui: "Essa é uma das maiores mentiras que cometi" (Goudet, 1997). Mentira a ser relativizada, pois quando Kiarostami explica a Sabzian que há duas câmeras, uma filmará a sala de audiência, enquanto a outra lhe será dedicada, ele acrescenta que a segunda "não tem nada a ver com o julgamento" — informação que não deve ser menosprezada. Há outras *mentiras* nessas seqüências: Goudet acha que um mesmo plano do juiz (no qual ele coça a bochecha) foi utilizado duas vezes nas cenas do julgamento. Não sei se ele tem razão, mas é indiscutível que planos extraídos das mesmas tomadas — o juiz ouvindo o acusado ou os querelantes e nunca falando — foram espalhados em diversos momentos do processo. Isso dificilmente se percebe ao assistir ao filme pela primeira vez, mas nem por isso deixa de comprovar que a filmagem e a montagem do juiz não acompanham a evolução do julgamento.

> Em 1929, Ossip Brik escrevia em "Mais perto do fato":
>
> "Devemos amar os fatos, devemos diferenciar com precisão e nitidez o fato da ficção; não devemos misturar as coisas.
>
> "A intelligentsia russa, que durante muitos anos ficou distanciada e na ignorância de qualquer trabalho prático, levou até o mais alto virtuosismo a arte de viver emocionalmente fatos e acontecimentos imaginários. E inversamente ela aprendeu a se comportar diante dos fatos como se estivesse diante da ficção. As pessoas iam aos processos criminais como ao teatro, esquecendo que tinham diante de si não um ator, mas um homem vivo. E, inversamente, montavam-se processos contra heróis de romances, por exemplo, o Sanin de Artsibachev.
>
> "As pessoas chegaram a ponto de não mais conseguir distinguir se viviam na realidade ou nas imagens das obras literárias" (trad. do francês por JCB).

Sabzian é um impostor, Kiarostami também, *Close-Up* é uma impostura. E quem é o responsável pela concretização de uma impostura: o impostor ou sua vítima? Costuma-se considerar que é o impostor.

No entanto, Kiarostami tem opinião diferente. "Durante o processo, entendi que, claro, ele tinha mentido à família, mas que de alguma forma essa família desejava que se lhe mentisse" (Ciment, 1991). Cronologicamente, a impostura começa num ônibus, quando Sabzian lê o roteiro de *O ciclista*. Trata-se de um filme de Makhmalbaf lançado cerca de um ano antes dos fatos relatados em *Close-Up*: a esposa de Nassim, refugiado afegão, deve ser hospitalizada com urgência e ele não tem como pagar o tratamento; participa então de uma competição que consiste em pedalar ininterruptamente durante sete dias; se vencer, obterá o dinheiro necessário. A mulher sentada ao lado de Sabzian se interessa pelo livro; ele diz ser o autor; a mulher é a senhora Ahanjah. Essa cena abre o filme na versão iraniana, porém foi deslocada na versão internacional. Kiarostami conta como se deu a alteração: "Quanto a esta última montagem, ela nasceu numa sala, onde algumas bobinas foram trocadas por inadvertência. Eu estava em Munique para o festival. Tão logo percebi o engano, corri à cabine de projeção para pedir que a ordem do filme fosse restabelecida. Mas era tarde demais. Portanto continuei a olhar meu filme nesse estado e vi que a proposta involuntária do projecionista não era nada má. E, depois dessa projeção, desloquei para o meio do processo a cena do encontro no ônibus — que a princípio abria o filme" (Goudet, 1997): *se non è vero, è bene trovato*. A cena é habilmente construída de forma a salientar a responsabilidade da senhora Ahanjah. Entende-se melhor seu comportamento se levarmos em conta a importância do cinema iraniano para um público que parece preferir o cinema à televisão (Pinto), e considerarmos o sucesso de Makhmalbaf e de seu filme *O ciclista*. Sabzian está lendo no ônibus, tranqüilo; a senhora Ahanjah toma a iniciativa de conversar e pergunta onde ele comprou o livro, então lhe pede o endereço da livraria. Só então Sabzian diz ser o autor, a mentira aparece como resposta a uma iniciativa que não partiu dele. Ele se oferece para autografar o livro, e a conversa morre. Sabzian se volta para a janela, mas ela o olha com alguma insistência e toma a iniciativa de reiniciar a conversa. Sem essa nova iniciativa, a situação poderia ter acabado aqui. A mulher estranha que uma pessoa de sua importância ande de ônibus, pois cineastas bem-sucedidos costumam ter seu próprio carro. Ele demora em responder e justifica que anda de ônibus à cata de assuntos interessantes. Ela fala dos filhos, um deles se interessa por arte e literatura, até escreveu um roteiro, e acrescenta: "Meus filhos vão ficar felizes de saber que conheci o senhor". Sabzian aproveita para dizer que podem entrar em contato com ele. À pergunta de como isso seria possível, responde que o endereço e o número de telefone encontram-se na quarta capa. Se a conversa se interrompesse aí, os filhos entrariam em contato com o verdadeiro Makhmalbaf. Só então Sabzian avança bastante e, dizendo que gostaria de ajudar, pergunta o nome e o telefone dela — informações essas que ela fornece. A senhora Ahanjah anuncia que vai descer do ônibus e se despede, afirmando que espera revê-lo. Essa cena deixa a impressão de que a impostura foi construída a dois. Porém ela não difere da descrição do encontro feita por Sabzian em seu depoimento a Mansou e Chokrollahi: foi a senhora Ahanjah que iniciou a conversa. No entanto, ele informa que antes da conversa colocou o livro em evidência com a finalidade de "divulgar o filme"; foi essa a isca que ela mordeu. É a manifestação de uma intencionalidade, mas que não implica impostura. E, revendo a cena com cuidado, percebe-se que Kiarostami não se furtou a expressar essa primeira intencionalidade de Sabzian, pois o livro, capa e miolo, aparece claramente em primeiro plano antes de a senhora começar a falar.

Essa impressão de impostura como construção coletiva é corroborada por uma declaração de Sabzian ao juiz: "Me envolvi profundamente neste papel [de ser Makhmalbaf ...] eu o representei com a maior seriedade, tanto assim que cheguei inclusive a acreditar que eu era mesmo um diretor de cinema. Nessa altura, o que eu fazia não era meramente representar. Eu era essa nova pessoa [...] eles [a família] tiveram confiança em mim e a confiança deles fez com que me sentisse autoconfiante. Isso me ajudou a acreditar que eu era realmente um cineasta". Além disso, conforme Sabzian, um dos filhos Ahanjah, Mehrdad, "queria muito aparecer num filme". Tudo isso contribui para uma interpretação da impostura quase como criação coletiva. Principalmente se levarmos em consideração que os Ahanjah reconhecem uma parecença entre Makhmalbaf e Sabzian, e que este declara ao juiz: "Algumas vezes já me tomaram por Makhmalbaf". O que não é nada inverossímil se acreditarmos nas declarações de Makhmalbaf a Goudet (1996): "Eu já tinha tido sósias em outras cidades. Um deles permaneceu num hotel e saiu sem pagar [...] Quando fazia o casting de O ciclista, uma moça se apresentou — não foi aceita porque não era muito boa — e me disse que tinha sido recomendada por Mohsen Makhmalbaf. Percebi que ela era tão apaixonada pelo cinema e pela profissão de atriz que tinha casado com um impostor que pretendia ser Makhmalbaf". Pelo visto, ser Makhmalbaf é uma febre coletiva.

Os Ahanjah não deixaram de colaborar com a impostura, como se tivessem de alguma forma o desejo de ser enganados. Existe esse desejo? Kiarostami: "Eu lhe diria que, às vezes, eu me deixo abusar. Às vezes até sinto o desejo de ser abusado [...] Às vezes me dizem, por exemplo: 'Senhor, esta pessoa não é honesta'; ou então: 'Este carro não está em bom estado' etc. Mas, já que assim o deseja, você encontra todos os pretextos necessários para convencer a si mesmo e se deixar abusar" (Kéy).

E nós, desejamos ser abusados por *Close-Up* e por Kiarostami? Forçoso é reconhecer que Tata Amaral, eu e muitos outros caímos na armadilha do acidente sonoro devido à nossa ingenuidade. Fomos abusados ou nos deixamos abusar? O técnico de som Eduardo Santos Mendes lembra com justeza que os atores têm microfones e que não há microfone na lapela do técnico de som. Portanto, se tivesse ocorrido um problema com o equipamento, o som teria sido cortado ou teríamos ouvido chiados, interferências, mas nunca a voz do técnico. Tínhamos informações técnicas suficientes para perceber a operação que estava em curso, poderíamos ter pelo menos desconfiado, porém não desconfiamos de nada e preferimos nos emocionar intensamente.

> *O espelho*, de Panahi, é outro filme iraniano, posterior a *Close-Up*, que dá o *golpe do microfone*. Uma menina, com o braço engessado, espera a mãe na saída da escola. Como ela não chega, após algumas peripécias a menina é colocada dentro de um ônibus por um homem. Durante cerca de quarenta minutos o filme vai bem, naturalisticamente falando. De repente, a menina olha para a câmera. Pede-se-lhe que não olhe, ela grita que não vai mais filmar e tira o gesso. Crise na equipe. Deixam a menina descer do ônibus, acompanhada de uma assistente de produção. Um membro da equipe, que se sente responsabilizado por ter dito alguma coisa que teria provocado o mau humor da crian-

ça, se desculpa e pede à menina que volte, pois ele poderia perder o emprego. Nada feito. Finalmente, o diretor resolve deixá-la voltar para casa sozinha, e, detalhe importante, ela ainda está com o microfone, o som passa, embora o técnico não esteja certo da qualidade do resultado. Do ônibus, a câmera segue a menina. Escondida por carros e transeuntes, a vemos mal, ainda mais porque a janela do ônibus está suja e embaça a fotografia. A menina atravessa ruas de muito trânsito, observada por uma câmera (diegeticamente) escondida. Está perdida e pergunta o caminho a um velho. Este se abaixa para ouvi-la melhor, pergunta de que praça ela está falando. Ouvimos o que diz o velho — tudo bem, ele está inclinado e sua voz pode estar sendo captada pelo microfone da menina. Como não sabe dar a informação solicitada, ele se ergue e pede a ajuda de um transeunte que estava passando ali por acaso. Ouvimos a voz do velho e a do transeunte. Com as informações de Eduardo Santos Mendes, não há como duvidar: tanto o velho como o transeunte estão com microfone. Nos planos seguintes, embora a menina continue sendo filmada de *dentro do ônibus*, o ângulo está baixo demais e com certeza a câmera foi transferida para um carro. No entanto, acredito que, para o espectador que não tiver essas informações técnicas, a ficção

> flui, e ele pode acreditar que a menina real-mente teve um chilique, *engolir* a mentirinha do microfone e aceitar que ela está sendo seguida por uma câmera oculta.
>
> De qualquer forma, a decisão que a menina tomou, de parar de filmar, é de surpreender qualquer um, pois até então o filme comportava-se como devem se comportar os filmes, isto é, apresentando uma ficção que o público aceita naturalmente como uma realidade. O contrato da *ilusão de realidade* funciona.

Ao aceitar a sugestão do acidente sonoro em *Close-Up*, colaboramos com Kiarostami, nos tornamos seus cúmplices. Mas por que essa conivência? Em conseqüência de nosso desejo de material que se apresente com a evidência de não ter sido manipulado, de material bruto.

Embora Kiarostami qualifique *Close-Up* como "um cinema longe de qualquer artifício" (Limosin), seus filmes são todos resultado de "manipulações". Vimos vários exemplos no próprio *Close-Up*. Tivemos também o caminho em ziguezague no morro de *Onde fica a casa do meu amigo?*. É interessante observar que no documentário de Limosin, cerca de sete anos depois das filmagens, Kiarostami passa de carro diante da mesma colina, e o caminho está lá, incorporado à paisagem. Ele pergunta à entrevistadora se ela reconhece, e ele confirma: "Fomos nós mesmos que o desenhamos". Ela indaga se o caminho leva a algum lugar. Kiarostami: "Aparentemente não, mas ele leva a algum lugar, sim. Porque é um caminho que não tem fim e leva a vários lugares, pelo menos para mim".

É só seguir esse caminho,
assim chegarás ao Amigo.

Hâfez
(trad. do francês por JCB)

Outro objeto *suspeito* foi discutido numa conversa entre Jean-Luc Nancy e Kiarostami: o cartaz rasgado, afixado na parede de uma casa demolida pelo terremoto em *Vida e nada mais*, e que Farhad contempla demoradamente — duração que destaca a importância dessa imagem. Ao comentar a significação dessa imagem, que considera "emblemática", Kiarostami explica que ela representa um camponês feliz. Ele tem a sua xícara de chá, um pedaço de pão, um pouco de carne e seu cachimbo. O símbolo resulta de uma rachadura que separa o camponês de seus bens, ficando seus meios de subsistência ameaçados. Contudo seu estado de espírito permanece o mesmo — condensando assim o sentido do filme: "A terra tremeu, mas nós não trememos". Nancy pergunta então se Kiarostami realmente viu aquela imagem rasgada ou se inventou tudo. Resposta: "Essa imagem rasgada pela rachadura é impossível. Um cartaz colado na parede teria caído durante o terremoto. Só uma pintura mural poderia ter sido rachada daquela forma. Então procurei uma parede rachada, afixei a imagem sobre a rachadura, pus uma luz atrás para poder traçar esse movimento em ziguezague sobre a imagem, e em seguida a rasguei". E assim se dirime a dúvida de Nancy e muitos outros: pintura mural? cartaz? mas como é possível esse rasgo? Nancy se perguntava como era possível que a imagem se tivesse rasgado daquele modo, "mas acabei por acreditar". Uma fotografia de cena mostra pedaços de fita adesiva que prendem o cartaz à parede. Apesar disso, Homayun Payvar, fotógrafo do filme, narra que "à esquerda da porta, havia um cartaz na parede que representava um velho sentado diante de um prato de *abgusht*. Uma grande fenda tinha rasgado o cartaz em dois". Cumplicidade com as ilusões criadas por Kiarostami? Acrescentemos que o cartaz não foi encontrado nas redondezas, foi comprado numa casa de chá em outro vilarejo e levado para o lugar da filmagem, apesar de Kiarostami ter afirmado em outra circunstância: "Nunca levo comigo acessórios de uma cidade para outra. Quando os pegamos da casa mais próxima e os colocamos no chão ou na parede, eles se integram bem, porque provêm das vizinhanças" (Kiarostami, "Le Monde d'A. K.").

Tudo o que em Kiarostami nos parece espontâneo, fruto de uma relação imediata com a realidade, de uma filmagem que captou o que a realidade apresentava independentemente de qualquer intervenção, é de fato resultado de uma construção. *Material bruto* e *espontaneidade* não são o estado ou a qualidade do que vemos nos seus filmes, mas significações construídas. Faz parte dessa composição disfarçar a construção, nos levando a uma ilusão: não há construção. Kiarostami, embora cite Zavattini por duas vezes em *10 on Ten*, está decididamente distante do neo-realismo italiano, ao qual grande parte da crítica internacional insiste em vinculá-lo. Um dos princípios criadores de Kiarostami, longe de ser uma relação direta com a realidade, é antes a reconstrução ou reconstituição. Já vimos que o plano do morro com o caminho em ziguezague de *Onde fica a casa do meu amigo?* era a reconstrução de uma imagem resgatada em sua memória. Vimos que *Vida e nada mais* não é a primeira viagem que ele fez a Koker após o terremoto, mas sua reconstituição meses depois.

O depoimento que dá a Famili a respeito do Vale Negro de *O vento nos levará* é revelador: "Há algo que respeito em geral nos meus filmes: tento gravar na memória o primeiro encontro com uma nova região, meu primeiro encontro com as pessoas. Tento me lembrar como foi o dia da minha chegada num vilarejo desconhecido, como reagiram as pessoas, qual foi meu primeiro olhar. Nós nos prejudicamos quando criamos hábitos. Depois de encontrar uma região, de tanto ir até lá, nos acostumamos. Trabalhei durante seis meses naquele lugar. Conhecia-o como minha própria rua. Mas tinha que voltar à minha impressão do primeiro dia, ao meu primeiro olhar e ao primeiro olhar das pessoas sobre mim". Portanto, tudo é construção, porém construção de uma primeira vez, de uma espontaneidade inicial, construção de uma não-construção inicial.

Não sei se seria possível generalizar essa atitude na criação de Kiarostami, no entanto parece indiscutível que a idéia de primeira vez, bem como a de voltar ao lugar da primeira vez, de resgatar o passado e atualizá-lo no presente, estão arraigadas nele, levando-o talvez a uma percepção contraditória de si mesmo. De fato, ele afirma: "Quando realizo um filme novo, nunca penso nos precedentes" (Goudet, 1999). O que é de estranhar quando se percebem as evidentes ligações entre *Onde fica a casa do meu amigo?* e *Vida e nada mais*, entre este e *Através das oliveiras*. Da mesma maneira, *Abbas Kiarostami, Vérités et songes* (Limosin) é um retorno a uma das locações de *Onde fica a casa do meu amigo?*. Mas o diretor também afirma: "Cada um de meus filmes encontra efetivamente sua origem nos precedentes. A história do rapaz que conta que casou quando houve o terremoto [em *Vida e nada mais*] suscitou em mim o desejo de um novo filme. Guardarei quatro minutos dessa seqüência, que formarão o coração deste próximo filme" (Piazzo e Richard). Trata-se de *Através das oliveiras*. Mas o retorno a Hossein e Tahereh não pára aí. Mais tarde, Kiarostami levará Limosin para tomar chá na casa de Hossein e sua esposa, com a qual de fato este casou logo depois do terremoto; porém não é Tahereh, a atriz do filme. E Kiarostami volta a trabalhar a situação do casamento e dos amores de Hossein, perguntando à esposa, real, se sabia que Hossein, "durante o filme", estava apaixonado por outra moça. O tema do neo-realismo, tão recorrente nas entrevistas, é por vezes também tratado por Kiarostami sob o signo da primeira vez: "Lembro-me apenas que na juventude fui muito fortemente marcado pelos filmes neo-realistas italianos" (Ciment); o que pode ser complementado por outra declaração: "Mais tarde tomei conhecimento da existência do neo-realismo italiano, que naquela época era muito popular no Irã. Acredito que a influência desse cinema sobre minha obra tem suas raízes no meu primeiro encontro com esses filmes, encontro que sem dúvida eclipsou qualquer outra influência" (Giavarini e Jousse). Por mais estranho que pareça, o próprio *O gosto de cereja* pode ser considerado uma segunda vez, já que *O projeto* é uma primeira versão, de quarenta e sete minutos, realizada nas estradas que veremos no filme. E haverá mais uma volta: em *10 on Ten*, Kiarostami discursa sobre a feitura de *Dez*, enquanto guia um carro que passa pelas locações de *O gosto de cereja*. Ele racionaliza essa volta pelo fato de ter usado uma câmera digital pela primeira vez no epílogo de *O gosto de cereja* (a segunda foi em *ABC África*), e de *Dez* ter sido inteiramente gravado em digital. Mas *10 on Ten* me parece ter outra implicação sobre a qual Kiarostami não se pronuncia, a saber: produz uma espécie de fusão, na pessoa de Kiarostami, entre os personagens principais de *O gosto de cereja* e de *Dez*, o que provém das estradas de *O gosto de cereja*, do carro de *10 on Ten* ser parecido com a Ranger do senhor Badii, de Kiarostami ser o motorista como os dois personagens, e de usar (os indefectíveis) óculos escuros como Mania Akbari em *Dez*.

As reflexões que Kiarostami faz sobre a idéia de caminho, figura básica de sua poética, levam a pensar que a *primeira vez* é essencial não só à sua obra, como à sua concepção de história: "Existem dois tipos de caminho. Um pertence à nossa infância. Se pensamos que uma parte de nós se forma durante a infância, minha definição do caminho não será das grandes estradas,

das auto-estradas [...] para mim o caminho conserva o mesmo sentido que os caminhos da minha infância". O caminho pode até ser a memória do caminho: "É bastante fácil encontrar o mecanismo ou a razão de ser desses caminhos. Percebe-se que pessoas cansadas não podiam subir encostas íngremes. Então andaram em ziguezague. O primeiro que passa traça um caminho invisível para os outros. Isso se torna uma verdadeira composição, que revela que os homens fizeram seu caminho sem os meios e os recursos atuais".

Primeira vez e *reconstrução* levam à idéia de repetição. Vimos que esse é um forte traço estilístico de Kiarostami, desde as repetições muito — talvez excessivamente — óbvias das tomadas de Hossein em *Através das oliveiras*, ou dos telefonemas no cemitério de *O vento nos levará*, até outras mais sutis, como as circunvoluções em vários filmes. Olivier Kohn comenta "esse jogo sutil de repetições e variações", que leva a repetição a um ponto-limite além do qual ela se torna encantação; em *O gosto de cereja* "o senhor Badii está de carro: a alternância regular das imagens (interior: o rosto de Badii/ exterior: a paisagem, a estrada) e dos sons (interior: o ronrom do motor/ exterior: o ruído das rodas esmagando o pedregulho) no início intriga, depois cansa, e chega mesmo a irritar, mas acaba quase hipnotizando o espectador, que encontra então nessa regularidade um sentimento de segurança [...] Com essa repetição, Kiarostami consegue nos apresentar esse caminho banal (um traçado, uma colina, grama, uma árvore...) como um lugar quase abstrato".

As reações dos críticos que abordaram as repetições de Kiarostami oscilam entre o encantamento e a irritação ou aborrecimento; Frédéric Richard, por exemplo, pensa que elas podem "provocar algum entorpecimento no espectador". Kiarostami já se pronunciou sobre a repetição: "Penso que a repetição é necessária nesse tipo de filme. Porque, se eu tivesse filmado apenas uma criança, o espectador teria pensado que se tratava de um caso isolado. Quando se contabiliza alguma coisa, a repetição é necessária" (Goudet, 1997). Aqui ele se refere especificamente ao filme *Lição de casa*, no qual a repetição possibilita a generalização, figura de linguagem usual no cinema. No entanto, considero que mesmo esse recurso específico à figura da repetição deve ser entendido num âmbito mais amplo, como um traço que marca o processo criador de Kiarostami. O que parece confirmar a seguinte declaração: "Quando vi o filme *Onde fica a casa do meu amigo?*, reencontrei vinte anos mais tarde imagens de outrora: uma rua, um cachorro, uma criança, um velho, a questão do pão. Tudo isso me voltou vinte anos mais tarde. *Essa repetição se efetua no inconsciente*" (Kiarostami, "Le Monde d'A. K.", grifo meu).

Quando comecei a redigir este texto, minha intenção era opor Peter Greenaway a Abbas Kiarostami. O primeiro seria o fogo de artifício, um artifício que esbanja suas lantejoulas, que se deleita e deleita o espectador com a magnificência do espetáculo — em oposição ao segundo, cujo cinema é rarefeito, cuja linguagem é reduzida a um minimalismo franciscano. Proliferação e depuração. Minha sensibilidade oscila entre esses dois pólos que exercem sobre mim igual fascínio. Estou sempre entre *Lola Montes* (Max Ophuls) e *Vidas secas* (Nelson Pereira dos Santos). Essa oposição sem dúvida existe, mas à medida que escrevia me dei conta de que talvez não fosse tão essencial, e que Greenaway e Kiarostami são mais próximos do que aparentam. O iraniano é tão artificial quanto o inglês, só que um mascara o artifício enquanto o outro o exibe. O artifício não é tão estranho a Kiarostami quanto poderia parecer, o que talvez se manifeste na sua relação com filmes de Fellini. Depois de abrir o artigo "De Sophia Loren a *La dolce vita*" com a declaração: "Para evitar qualquer equívoco, devo confessar de imediato que não me impressiono com nenhum cineasta e por nenhum filme", ele prossegue: "Vi *La dolce vita* quando tinha vinte e um anos. Naquela época nem pensava em fazer cinema, mas eu me lembro de ter pensado muito em Fellini, o autor do filme. Teria gostado de conhecê-lo, saber como um cineasta podia transformar uma história aparentemente incoerente num filme tão impressionante que ficou gravado na cabeça de seu espectador para nunca mais se apagar". E completa: "Em *La strada*, que é meu filme preferido, Fellini era para mim um Deus. O filme era mais forte do que uma obra neo-realista". E ainda declarou: "Uma vez vi no Irã *La strada,* de Fellini. Mas era o momento em que estava escovando os dentes antes de ir para a cama. Olhei todo o filme em pé, e meu filho estranhou que eu tenha visto o filme do início até o fim… Me sinto próximo desse filme, ele não envelheceu" (Giavarini e Jousse). Quando Patrice Blouin e Charles Tesson lhe perguntam se concorda com André Bazin quando este dizia, a respeito do cinema, que é preciso acreditar na realidade embora se saiba que esteja falsificada, ele se vale de Fellini para responder: "Acredito que o cinema só possa ser isso. Nos filmes de Fellini, acredita-se em todos os planos, embora saibamos que tudo é irreal. Sabemos que as pessoas não falam assim e não se vestem assim [...] Tudo deve ser homogêneo, é isso que importa [...] Estamos aqui para fabricar alguma coisa, mas para que essa fabricação pareça real, é necessário que seja crível". Kiarostami está tensionado entre Fellini e Robert Bresson, cuja duração dos planos e câmera fixa o fascinam. É provável que ambos os cineastas polarizem sua cinemateca imaginária.

Quando Kiarostami mostra o filme sendo feito — ao apresentar, por exemplo, várias tomadas de Hossein em *Através das oliveiras* —, é um engodo. Essas tomadas seriam para um filme que já tinha sido concluído, *Vida e nada mais;* mas a feitura real de *Através das oliveiras*, isso não é mostrado. O universo cinematográfico de Kiarostami é um universo de ilusões, um universo de mentiras disfarçadas. "O cinema tem antes de mais nada o papel de encenar uma mentira", diz Kiarostami (Piazzo e Richard). Multiplicam-se as declarações que relacionam mentira com verdade: "Acho que de qualquer maneira todos os cineastas mentem, sem exceção. Mas essa mentira serve para dizer a verdade, uma grande verdade; é isso que importa, e não a forma que utilizamos para dizer essa verdade" (Goudet, 1997).

> Orson Welles disse que Picasso disse: "A arte é uma mentira. Uma mentira que nos faz perceber a verdade".
>
> Ao explicar como um ator é substituído por um dublê sem o espectador perceber, Regina Casé diz: "Assim é a ficção. A gente mente para dizer melhor a verdade. Ou então a gente finge que diz a verdade para mentir melhor".
>
> Jorge Furtado, *Negro Bonifácio*

O espectador deve perceber que o cineasta mente? Às vezes Kiarostami parece pensar que sim: "Há uma frase que me diz muito: 'O cinema é uma mentira pela qual tentamos nos aproximar da realidade'. Em todos os meus filmes lembro que o espectador verá pura fabricação mental. Não faço parte dos cineastas para quem o sucesso é o poder de tornar crível a sua mentira" (Araujo, 1997A). Outras vezes parece pensar o contrário: "Quer seja um documentário ou ficção, o que nós contamos é tudo uma grande mentira. Nossa arte consiste em fazer com que acreditem. Se uma parte é documentário e outra parte reconstituição, é nosso método de trabalho. Não é da conta do público. O mais importante é que alinhamos uma série de mentiras para chegar a uma verdade maior. Mentiras não reais, mas de alguma forma verdadeiras" (Limosin). Ele pode ser até mais categórico: é importante "que o espectador, enquanto está vendo o filme, não perceba que se está mentindo para ele [...] Mas se o cineasta me confessa que há mentira sem que eu possa detectar como e onde mentiu, então eu digo *Bravo*" (Goudet, 1997). Decididamente, Kiarostami não é um humanista. Quando Goudet, na mesma entrevista, lhe pergunta se se considera um cineasta realista, ele replica: "Não. Aliás, recuso em bloco todos os *ismos*. Até a palavra *humanismo* que às vezes utilizam a meu respeito. Já cheguei a pensar que meus filmes não são nem um pouco humanistas [...] Além disso, cada *ismo* me prende numa camisa-de-força, me dá uma idéia falsa de meus filmes".

Flora Sussekind comenta, a respeito de romances brasileiros recentes, a sua descrença "na possibilidade de uma expressão direta da realidade", fala de uma "indeterminação propositada entre verdade e invenção [na qual] os jogos com a (falsa) idéia de mentira como sinônimo de ficção sublinham, via 'falsa mentira', um lugar ficcional para além da oposição entre verdadeiro e falso, entre empírico e imaginário". É nessa *indeterminação propositada* que Kiarostami se insere. Aliás, ela cita um romance de Silviano Santiago, justamente intitulado *O falso mentiroso*, atributo que caberia a Kiarostami.

Ishaghpour faz uma reflexão importante: "No entanto não se trata, com a reunião de todos esses falseamentos, de um teatro das aparências barrocas: alguma coisa do real resiste nos filmes de Kiarostami". Aparências, no entanto real. Mentiras, que podemos intuir mas que no entanto não devemos localizar.

O que é essa coisa do real que resiste? Apelemos para o próprio Kiarostami: "Quando um roteiro está escrito de ponta a ponta e tudo previsto com exatidão, me parece que o papel do realizador limita-se a substituir exatamente as coisas já escritas por imagens; ele ilustra" (prefácio de *Le Vent nous emportera — Scénario*). E isso ele rejeita. A declaração pode ser complementada com a seguinte: "Tento fazer filmes que sejam ao mesmo tempo a representação de uma coisa e um acontecimento. As duas coisas ao mesmo tempo, sem ser nem uma nem outra". Essa afirmação fundamental foi feita em entrevista a Inácio Araujo (1994). Que o filme seja uma *representação*, entendemos o que isso quer dizer, sabemos também que a representação é alvo de suspeita em geral, e em particular nos filmes de Kiarostami.

A crise da representação é evidentemente vivida pelo cinema de ficção, e com especial agudez pelo documentário. A respeito Hartmut Bitomsky escreve: "Estamos diante de um desafio. O filme documentário, no futuro, precisará se modificar para sobreviver e poder alcançar novas definições para si. Não poderá mais continuar a insistir na garantia de uma verdade que se baseia na técnica de reprodução mecânica da câmera e do material cinematográfico. A autenticidade, por muito tempo, cativou o documentário. Mas não será mais suficiente apenas consumir a realidade, em vez de produzi-la. E se tornará evidente que a realidade também do documentário não deve ser procurada além das imagens, mas sim nelas mesmas". A desconfiança sobre a autenticidade do filme documentário provém do desenvolvimento das alterações nas imagens fotográficas facultadas pelas técnicas digitais, pela criação de imagens sem referente possibilitada por essas mesmas técnicas, bem como pelo intenso processo de ficcionalização por que passa atualmente o cinema documentário. As imagens não mentem nem dizem a verdade — essas categorias não se aplicam às imagens, elas são o que são.

Quando dizemos que uma imagem mente, não é dela que falamos, e sim do seu referente, quer dizer, da realidade que ela pretensamente representa. O que está em crise não é a imagem em si, é sua relação com uma realidade que lhe é exterior. A perspectiva de superar essa situação seria então que a própria imagem não representasse, mas *produzisse* realidade; que sua autencidade fosse encontrada nela mesma, não na sua relação com uma realidade exterior.

Vários estudiosos do cinema documentário parecem ir na direção sugerida por Bitomsky, entre eles Jean-Louis Comolli. Diante da transformação do mundo em espetáculo, como se verifica na mídia, se deveria recuperar a idéia de *documento* na palavra *documentário*. Para isso, Comolli sugere "1) que ator e personagem se fundam; 2) que a ligação *corpo-palavra-sujeito-experiência-vida* seja assegurada a tal ponto que a filmagem não possa deixar de comprometer [em francês: *affecter*] o corpo filmado, e 3) que o filme seja efetivamente o documento desse comprometimento". Entendo que a situação registrada pela câmera deve ser provocada pelo ato de filmar, sem o qual ela não existiria, e que essa situação deve transformar o ator-personagem ou revelar nele algo motivado pela filmagem. Parecem ir nesse sentido as afirmações de Kiarostami de que o filme não deve se limitar a ilustrar um roteiro nem a representar uma coisa; deve ser um *acontecimento*.

Os planos de Sabzian em *Close-Up* são considerados *falsos* por não terem sido de fato filmados durante o julgamento, ferindo assim a informação sobre as ocorrências na sala de audiência e induzindo o espectador a erro. São, porém, *verdadeiros* enquanto *acontecimento*. Esses planos não documentam o processo, mas são o *documento* da situação a que a filmagem e as insistentes perguntas do diretor submeteram Sabzian, e também da perplexidade a que ele foi levado por essas perguntas e suas respostas —

revela-se, assim, como até então não se tinha revelado para Kiarostami e os espectadores, e talvez inclusive para si mesmo.

Lendo os inúmeros pronunciamentos de Kiarostami sobre os atores não profissionais, podemos nos perguntar se a preparação não visa justamente ao *acontecimento*. Vou fazer duas longas citações referentes à preparação de Hossein para *Através das oliveiras*.

"Quando Hossein está no carro falando com o realizador, Kheshavarz, diz mais ou menos: 'Se os ricos pudessem casar com os pobres, seria bom, todo mundo poderia ter sua própria casa. É inútil que os ricos casem entre si porque não adianta ter duas casas'. O outro lhe responde, então: 'Mas pode-se alugar uma casa e morar na outra'. Para essa cena conversei com Hossein na própria manhã da filmagem, enquanto caminhava com ele na floresta: 'Você se lembra, há dois anos, você me fez observar que...'. E lembrei-lhe o que tinha dito na época: de nada adianta ter duas casas, não se pode pôr a cabeça numa e os pés na outra. Nada mais fiz do que lembrar-lhe suas próprias palavras para que ele as repetisse; portanto, pode-se dizer que os diálogos são de Hossein. Eis como procedi: durante uma semana, repeti a toda a equipe que Hossein tinha dito uma frase interessante. Hossein acabou acreditando que ele era o autor desse diálogo. Mas no dia em que filmamos essa cena, ele não sabia que teria de pronunciar a frase. Quando subimos no carro para filmar, Kheshavarz, sentado diante dele, tampouco estava a par daquela conversa. Eu me dirigi a Hossein: 'Você se lembra, você dizia que...', e mandei ligar a câmera no momento em que ele começou a falar. Em realidade, eu não sabia donde me vinha aquela réplica. Talvez a tivesse ouvido da boca de algum outro Hossein. Mas foi a ele que a lembrei. Não queria de forma alguma pressioná-lo e dizer: 'É este seu texto, é isso que você deve dizer...', queria fazer como se isso viesse dele. Eu estava evidentemente ao lado da câmera, e quando ele afirmou: 'Não é possível pôr a cabeça numa casa e os pés na outra', fui eu que respondi no lugar de Kheshavarz: 'Mas pode-se alugar uma e morar na outra!'. Ele me olhou de tal maneira que esse acabou sendo o meu momento preferido no filme, um momento extraordinário [...] podem-se ler vários sentimentos no rosto dele, principalmente no seu olhar; o ódio, a tristeza, o espanto [...] e isso não tinha sido previsto de antemão. Hossein não esperava por aquilo e esqueceu tudo: a câmera, eu, tudo o que acontecia em volta dele. Ele reagiu de imediato, sem refletir" (Ciment e Goudet, 1995).

"Não se pode dar aos atores [não profissionais] uma frase para que eles a repitam diante da câmera. Inclusive, com os métodos habituais de interpretação, eles não conseguiriam. É necessário fazer com que acreditem nos diálogos, de modo que depois de algum tempo tenham o sentimento de que se trata de sua própria frase. São necessárias semanas, meses, para comunicar-se realmente com eles [...] Eu estava em contato com Hossein Rezaï havia um ano, e o encontrava uma vez por semana ou a cada quinze dias para conversar. É como para o implante de cabelos: implanta-se apenas um ou dois tufos de cada vez. Por ocasião de um encontro, atirei no meio da conversa: 'Aqueles que têm dinheiro e aqueles que não têm'. Quando encontramos Hossein Djafarian [fotógrafo do filme], eu disse a Hossein Rezaï: 'Repita o que você me disse a respeito dos que têm dinheiro e dos que não têm'. Hossein perguntou-se por um instante se era eu que tinha dito isso ou ele mesmo. Acabou repetindo a frase. Quando ele se enganava, eu lhe dizia que as palavras que ele tinha dito não eram aquelas, ou acrescentava outra frase, fingindo que ele a tinha dito. Durante meses, toda vez que encontrava um novo ator não profissional, eu dizia a Hossein para repetir o que ele tinha dito a respeito 'dos que têm dinheiro e dos que não têm' e 'dos que têm um abrigo e dos que não têm'. Pouco a pouco

Hossein foi acreditando que essas frases eram suas e elas se ancoraram na sua memória. Portanto, durante a filmagem ele as repetiu com naturalidade diante da câmera. Até mesmo nas entrevistas, mencionou que essas frases eram dele. Se acreditou que esse diálogo era seu, é porque conseguiu relacioná-lo com sua própria vida. Logo, esse diálogo lhe pertencia: como isso aconteceu? Isso é o nosso método de trabalho" (Kiarostami, "Le Monde d'A. K.").

Acredito que essa detalhada descrição nos ajuda a entender o que seja esse filme que é representação e acontecimento, *as duas coisas ao mesmo tempo, sem ser nem uma nem outra*. Por um lado, é pura representação, o ator foi treinado, ainda que não com método tradicional, para dizer os diálogos que o diretor julgava necessários a seu filme. Mas há outro fenômeno que se articula a esse: Hossein acabou assimilando o diálogo como se fosse dele, e isso aconteceu, no dizer de Kiarostami, porque *conseguiu relacioná-lo com sua própria vida*, portanto nesse momento a pessoa e o ator se fundem. A isso deve-se acrescentar a situação inesperada criada por Kiarostami diante da câmera ligada, quando replica: 'Mas pode-se alugar uma casa e morar na outra' (no filme a frase é dita por Kheshavarz). A frase, que não tinha sido usada na preparação do ator, provoca o desabamento da utopia elaborada por Hossein com a finalidade de melhorar a sociedade. Conforme diz no filme, os analfabetos, como ele, deveriam casar com alfabetizados, de forma que haja sempre em cada família alguém que possa ajudar os filhos em suas lições de casa; os que têm casa deveriam casar com os que não têm para que todos tenham onde morar. De repente, o argumento do aluguel fura a lógica de Hossein e o deixa furioso por perceber a ruína de sua teoria, e perplexo por não saber o que retrucar. Aqui seria um momento em que o filme, conforme Kiarostami, se torna *acontecimento* sem deixar de ser *representa-*

ção. Esse plano de Hossein profundamente abalado lembra o de Sabzian emudecido pelo questionamento do diretor. Tais planos — em que a montagem deixa o tempo necessário para que as pessoas-atores manifestem sua emoção provocada pela situação de filmagem — merecem ser qualificados de *documento*, no sentido de Comolli.

No entanto, a dúvida persiste porque não se sabe em que medida a teoria de Hossein foi elaborada por ele ou inculcada por Kiarostami e porque *acontecimento* e *representação* são termos contraditórios. O plano de Hossein fica numa tênue fronteira entre os dois; afirmar categoricamente que é um ou outro me parece impossível.

> "A natureza dessa prática é necessariamente fluida e incerta. Nenhum filme de [Eduardo] Coutinho segue os mesmos princípios do anterior. É como se, a cada novo filme, o cinema dele obedecesse mais às leis da física moderna — àquela do princípio da incerteza — do que às da física clássica, com as quais sempre se pode prever onde o corpo repousará."
>
> João Moreira Salles

O cinema de Kiarostami põe em dúvida o status da imagem — não na sua fisicalidade, pois assistimos com certeza a imagens projetadas. A dúvida incide sobre o que essas imagens representam, é uma incerteza constante. Num dos artigos mais importantes sobre a obra de Kiarostami, de título emblemático, "Kiarostami's Uncertainty Principle", Laura Mulvey fala do fascínio de Kiarostami pelo cinema como um *trompe l'oeil*: cinema que é "ao mesmo tempo realidade e ilusão, gerando incerteza quanto ao que estamos vendo com os nossos próprios olhos". François Niney (1991) comenta *Vida e nada mais* da seguinte forma: "É uma ficção trabalhada como documentário. As pessoas gostam de acreditar no que vêem, daí o interesse de embasar a ficção numa forma de documentário". Mas não me parece ser assim que funciona o cinema de Kiarostami, ou não é assim que ele funciona da maneira mais instigante. Se o espectador acreditar no que vê e só, terá sido simplesmente enganado. Essa confiança, motivada por aparências de documentário, de uma filmagem que parece espontânea, é o momento inicial da relação com o filme. Logo em seguida a dúvida começa a se infiltrar, a confiança vira desconfiança sem que consigamos determinar se o que vemos estava aí espontaneamente diante da câmera de Kiarostami, ou se resultou de uma elaboração que não detectamos, embora a pressintamos. Só então o princípio de incerteza se instaura. É aí que se situa Kiarostami. Por enquanto.

Nessa indeterminação, o que importa não é se o material é ficcional ou documentário, ou se há um diálogo entre os dois. O problema não está aí, não está mais aí. Diante dos filmes de Kiarostami, *ficção* e *documentário* parecem categorias ultrapassadas que não permitem um discurso adequado sobre eles. É um dos aspectos da *crise dos paradigmas*. O que importa é a dúvida, é considerar indeterminado ou não conseguir determinar o que vemos e ouvimos. Com a coisa indeterminada, nossa relação será de suspeita ou de fascínio, um fascínio questionado pela suspeita, uma suspeita abolida pelo fascínio, em constante oscilação. Nossa relação com a coisa torna-se uma área de incerteza, um possível entre outros possíveis. Assim, nós, como sujeitos dessa relação, nos tornamos um possível entre outros.

Este texto não é uma análise dos filmes de Abbas Kiarostami, mas um diálogo com a obra, entre outros possíveis. Para ser honesto, devo acrescentar que esse diálogo não leva em conta o que talvez haja de mais importante para ele: a *verdade*. Ele diz de si próprio: "Eu me considero mais como alguém que busca uma verdade do que como um realizador [...] Luto em busca do verdadeiro" (Libiot), de uma "verdade superior" — expressão usada por Kiarostami em entrevista com Jamsheed Akrami. "Por causa desta vida [na cidade], eu mesmo fui transformado num ser *falso* que não me agrada muito. Por isso, para fugir desse ser falso que me desagrada, parto pela natureza para reencontrar meu ser verdadeiro" (Kiarostami e Ishaghpour).

Obras e documentos citados

Akrami, Jamsheed. "Kiarostami Interview". In: Kiarostami. *Taste of Cherry*, DVD.

Amaral, Suzana. *A hora da estrela*, 1986.

Araujo, Inácio. "A diplomacia da imagem". *Folha de S.Paulo*, 25 dez. 1997A.

_____ "Para diretor, o suicídio é uma opção". *Folha de S.Paulo*, 25 dez. 1997B.

_____ "Kiarostami transfigura realidade com poesia". *Folha de S.Paulo*, 2 nov. 1994.

Aubron, Hervé. "Les Fileurs d'horizons. Lointain de l'interdit et lointain mineur chez Kiarostami". *Vertigo*, nº 18, 1999.

Baecque, Antoine de. "Le Réel a tremblé". *Cahiers du Cinéma*, Paris, nº 461, nov. 1992.

Bambozzi, Lucas. *Síndrome de realidade — Estéticas documentais e mediadas* (inédito).

Baqué, Dominique. "L'Art des faux-semblants". *Artpress*, Paris, nº 295, nov. 2003.

Bernardet, Jean-Claude. "Em torno do maneirismo, 1982 (rascunho)". *Revista Comunicações e Artes*, São Paulo, nº 17, 1986. Escola de Comunicações e Artes/USP.

_____ "Esboço de interpretação psicanalítica". *Caderno de Crítica*, Rio de Janeiro, nº 4. Embrafilme, 1987.

_____ *Viaggio in Italia*. Suplemento Literário de *O Estado de S. Paulo*, 7 jan. 1961.

Bitomsky, Hartmut. "O mundo documentário". In: *forumdoc.bh.2001 — 5º festival do filme documentário e etnográfico*. Belo Horizonte: Fórum de Antropologia, Cinema e Vídeo, 2001 (texto de 1997).

Blouin, Patrice & Tesson, Charles. "Elimination de l'auteur — Entretien avec Abbas Kiarostami". *Cahiers du Cinéma*, Paris, nº 571, set. 2002.

Blouin, Patrice. "Sur la Route". *Cahiers du Cinéma*, Paris, nº 571, set. 2002.

Bozzi, Roberto. *Taxi parisien*. JBA Production, França, 2002.

Brik, Ossip. "Plus Près du Fait" (1929). In: Conio, Gérard. *Le Constructivisme russe*. tome II. Lausanne: L'Âge d'Homme, 1987.

Cakoff, Leon. "Abbas Kiarostami vai filmar em São Paulo". *Folha de S.Paulo*, 7 fev. 1995.

Campos, Álvaro de. *Ficções do interlúdio*. In: Pessoa, Fernando. *Obra poética*. Rio de Janeiro: Nova Aguilar, 1997.

Carvalho, Bernardo. *Mongólia*. São Paulo: Companhia das Letras, 2003.

_____ *Nove noites*. São Paulo: Companhia das Letras, 2002.

_____ *Onze — Uma história*. São Paulo: Companhia das Letras, 1995.

Ciment, Michel. "Les Possibilités du dialogue: Entretien avec Abbas Kiarostami". *Positif*, Paris, nº 368, out. 1991.

_____ & Goudet, Stéphane. "Abbas Kiarostami. Entretien. Des femmes réelles et non de cinéma". *Positif*, Paris, nº 499, set. 2002.

_____ & Goudet, Stéphane. "Entretien avec Abbas Kiarostami: Une approche existentialiste de la vie". *Positif*, Paris, nº 442, dez. 1997.

_____ & Goudet, Stéphane. "Entretien avec Abbas Kiarostami: les six faces du cube ". *Positif*, Paris, nº 408, fev. 1995.

Comolli, Jean-Louis. "L'Anti-spectateur, sur quatre films mutants". *Images documentaires*, Paris, nº 44, 1º e 2º trimestres 2002.

Coutinho, Eduardo. *Edifício Master*, 2002.

Cheshire, Godfrey. "Kiarostami filosofa sobre suicídio". *O Estado de S.Paulo/ NetEstado*, 7 out. 1997.

DeLillo, Don. *Cosmópolis*. São Paulo: Companhia das Letras, 2003. Trad. de . Paulo Henriques Britto.

Donen, Stanley. *Sete noivas para sete irmãos*, 1954.

Duras. Marguerite. *O caminhão*, 1977.

Elena, Alberto. *Abbas Kiarostami*. Madrid: Catedra, 2002.

Famili, Mojdeh. *Abbas Kiarostami. La Leçon de cinéma, Le Vent nous emportera*. In: Kiarostami, Abbas. *Le Vent nous emportera*. DVD.

Fellini, Federico. *8 e ½*, 1963.

Fincher, David. *Seven*. 1995.

Fleisher, Alain. *Là pour Ça*. Paris: Flammarion/ Léo Scheer, 1987.

Frampton, Hollis. (*nostalgia*), 1971.

Frampton, Hollis. *L'Écliptique du savoir. Film, photographie, vidéo*. Paris: Centre Georges Pompidou, 1999.

Furtado, Jorge; Arraes, Guel; Casé, Regina. *Palavras divinas*. Série Cena Aberta, TV Globo, 2003.

_____; Arraes, Guel; Casé, Regina. *A hora da estrela*. Série Cena Aberta, TV Globo, 2003.

_____; Arraes, Guel; Casé, Regina. *Negro Bonifácio*. Série Cena Aberta, TV Globo, 2003.

Giavarini, Laurence & Jousse, Thierry. "Entretien avec Abbas Kiarostami". *Cahiers du Cinéma*, Paris, nº 461, nov. 1992.

Goifman, Kiko. *33*, 2001.

Goudet, Stéphane. "Entretien avec Abbas Kiarostami: Les Yeux du coeur ". *Positif*, Paris, nº 466, dez. 1999.

_____ "Entretien avec Abbas Kiarostami: Manipulations ". *Positif*, Paris, nº 442, dez. 1997.

_____ "Entretien avec Mohsen Makhmalbaf: Prises de position et prises de pouvoir". *Positif*, Paris, nº 422, abr. 1996.

Greenaway, Peter. "Autour du Nombre". In: Cieutat, Michel & Flecniakoska, Jean-Louis. *Le Grand Atelier de Peter Greenaway*. Estrasburgo: Université des Sciences Humaines de Strasbourg/ Les Presses du Réel, 1998.

_____ *8 mulheres e ½*, 1999.

_____ *Drowning by Numbers*, 1988.

_____ *The Pillow Book*, 1996 (filme).

_____ *The Pillow Book*. Paris: Dis Voir, 1996 (roteiro).

Growe, Bernhard. "*Cosidetta realtà*: A indisponibilidade do mundo — Serialismo e configuração da luz nas naturezas-mortas de Giorgio Morandi". *Revista USP*, nº 57, 2003. São Paulo. Trad. do alemão por Dante Pignatari.

Hâfez Shirâzi. *L'Amour, l'amant, l'aimé*. Arles: Actes Sud, 1998.

Haghighat, Mamad & Sabouraud, Frédéric. *Histoire du cinéma iranien. 1900-1999*. Paris: Centre Georges Pompidou, 1999.

Heidegger, Martin. "L'Origine de l'oeuvre d'art" (1936). In: *Chemins qui ne mènent nulle part*. Paris: Gallimard, 1962 (Tel Quel). Ed. Portuguesa: *Origem da obra de arte*. Lisboa: Edições 70, 1977. Trad. de Maria da Conceição Costa.

Ishaghpour, Youssef. *Le Réel, face et pile. Le cinéma d'Abbs Kiarostami*. Tours: Farrago, 2000.

Ivan Angelo. *A festa*. São Paulo: Vertente, 1976.

Jousse, Thierry & Toubiana, Serge. "Un Film n'a pas de passeport: Entretien avec Abbas Kiarostami". *Cahiers du Cinéma*, Paris, nº 541, dez. 1999.

Joyard, Olivier & Blouin, Patrice. "Dix Raisons d'aimer *Ten*". *Cahiers du Cinéma*, Paris, nº 569, jun. 2002.

Kéy, Hormuz. *Le Cinéma iranien — L'Image d'une société en bouillonnement — De la Vache au Goût de la cerise*. Paris: Kathala, 1999.

Khayyâm, Omar. *Quatrains*. Arles, Actes Sud, 1998.

"Kiarostami *le magnifique*". *Cahiers du Cinéma*, Paris, nº 493, jul.-ago. 1995.

Kiarostami, Abbas & Ishaghpour, Youssef. "La Photographie, le cinéma et le paysage — dialogue". *Positif*, Paris, nº 491, jan. 2002.

_____ & Kiarostami, Bahman. *O projeto* (*Tarb*), 1997.

_____ "De Sophia Loren a *La dolce vita*". *Positif*, Paris, nº 400, jun. 1994.

_____ "Le Monde d'A. K.". *Cahiers du Cinéma*, Paris, nº 493, jul.-ago. 1995. (compilação de entrevista concedida por Kiarostami à revista iraniana *Mahnameh-ye Film*, s. d.).

_____ *10 (ten) — scénario*. Préface de Abbas Kiarostami. Transcrição, tradução, decupagem: Mojdeh Famili e Désiré Zamo. *Cahiers du Cinéma*, Paris, 2002.

_____ *10 (ten)* (*Dah*), Paris: MK2, DVD.

_____ *10 on Ten*. In: _____ *Ten*. DVD.

_____ *ABC África*, 2001.

_____ *Através das oliveiras* (*Zir-e derajtan-e zeytun*), 1994.

_____ *Avec le Vent*. Paris: P.O.L., 2002. Trad. do persa por Nahal Tajadod & Jean-Claude Carrière.

_____ *Close-Up* (*Klozap/ Namay-e nazdik*), 1990.

_____ *Experiência* (*Tachrobe*), 1973.

_____ *Lição de casa* (*Mashq-e shab*), 1989.

_____ *Na ordem e na desordem?* (*Be tartib ya bedun-e tartib?*), 1981.

_____ *O Cidadão* (Hamshahri), 1983.

_____ *O passageiro* (*Mosafer*), 1974.

_____ *Onde fica a casa do meu amigo?* (*Jane-ye dust koyast?*), 1987.

_____ *Taste of Cherry* (*Taam-e guilas, O gosto de cereja*), 1997. The Criterion Collection. DVD.

_____ *Le Vent nous emportera — Scénario*. Prefácio de A. Kiarostami. Transcrição, tradução, decupagem: Mojdeh Famili e Désiré Zamo. *Cahiers du Cinéma*, Paris, 2002.

_____ *Le Vent nous emportera* (*Bad maara jahad bord, O vento nos levará*). Paris: MK2, DVD.

_____ *Vida e nada mais* (*Zendegi va digar hich*), 1992.

Klier, Michael. *Der Riese/ O gigante* (1984).

Kogut, Sandra. *Um passaporte húngaro*, 2001.

Kohn, Olivier. "*Le Goût de la cerise*: chemin faisant". *Positif*, Paris, n° 442, dez. 1997.

Kurosawa, Akira. *Os sete samurais*, 1954.

Lalanne, Jean-Marc. "Le Goût de la cerise". *Cahiers du Cinéma*, Paris, n° 514, jun. 1997.

Lennon, Peter. "One of your Scenes is Missing". Entrevista com Kiarostami, 15 set. 2000. http:*www.film.guardian.co.uk/interview*

Leutrat, Jean-Louis. "*Le Goût de la cerise*: Deux Cent Mille Tomans". *Positif*, Paris, n° 442, dez. 1997.

Levieux, Michèle. "Abbas Kiarostami ou comment laisser le cinéma mener le cinéaste". *L'Humanité*, Paris, 25 maio 2002.

_____ "Kiarostami veut garder la vie en éveil et rien de plus". *L'Humanité*, Paris, 26 nov. 1997.

Libiot, Eric. "Abbas Kiarostami: La Vérité en jeu". http:*www.lexpress.fr/mag/cinema*, 2004.

Limosin, Jean-Pierre. *Abbas Kiarostami, vérités et songes*. Filme. Prod: La Sept/ARTE/AMIP/L'INA, 1994.

Lins, Consuelo. *O documentário de Eduardo Coutinho, televisão, cinema e vídeo*. Rio de Janeiro: Jorge Zahar, 2004.

Lopate, Phillip. "Kiarostami Close-Up". *Film Comment*, Nova York, jul.-ago. 1996.

Machado, Arlindo. "Máquinas de vigiar". In: _____ *Máquina e imaginário*. São Paulo: Edusp, 2001

Makhmalbaf, Mohsen. *O ciclista (Baycikelman)*, 1988.

Manovich, Lev. "Database as a symbolic form". In: Wang, Cristine (org.). *The Language of New Media*. Cambridge: MIT Press, 2001.

Mansou, Moslem & Chokrollahi, Mahmoud. *Close-Up, Long Shot*. Filme. In: Makhmalbaf, Mohsen. *Salam cinema*. DVD, edição MK2, Paris.

Marques, Sandrine. "10 on Ten". 2004. http:*www.plume-noire.com/cinema*

Martins, Rui. "Ator vive alter ego de Kiarostami". *O Estado de S. Paulo*, Caderno 2, 10 ago. 1995A.

Martins, Rui. "Kiarostami mostra a vida simples do Irã" (entrevista). São Paulo: *O Estado de S. Paulo*, 16 ago. 1995B.

Maxstar. "Ten". *www.dvdmaxx.com/cinema,php?film=469*

Merten, Luiz Carlos. "Kiarostami e seu manifesto do cinema digital". *O Estado de S. Paulo*, 18 jul. 2003.

Mohara,Yuji. *A Week with Kiarostami*. Prod. Slow Hand Inc.

Mollica, Kiko. *10 comentários sobre a produção de meu primeiro curta-metragem "Seu pai disse que isso não é brinquedo"*, 2003.

Mollica, Kiko. *Seu pai já disse que isso não é brinquedo*, 2003.

Mulvey, Laura. "Kiarostami's Uncertainty Principle". *Sight and Sound*, vol. 8, nº 6, jun. 1998.

_____ "El principio de incertidumbre de Kiarostami". In: *Kiarostami, Makhmalbaf, Panahi y los otros*. Montevidéu: Cinemateca Uruguaya, s. d.

Musil, Robert. *L'Homme sans qualités*. Paris: Seuil, 1956 (Point). Trad. Philippe Jaccottet. Ed. brasileira: *O homem sem qualidades*. Rio de Janeiro: Nova Fronteira, 1989. Trad. Lya Luft e Carlos Abbenseth. (Trad. brasileira modificada por JCB.)

Nancy, Jean-Luc. *L'Évidence du film. Abbas Kiarostami*. Bruxelas: Yves Gevaert, 2001.

Niney, François. "Kiarostami, le Passeur". *Cahiers du Cinéma*, Paris, nº 450, dez. 1991.

_____ *L'Épreuve du réel à l'écran. Essai sur le principe de réalité documentaire*. Bruxelas: De Boeck, 2002.

Omar, Artur. *Triste trópico*, 1974.

Ophuls, Max. *Lola Montes*, 1955.

Ozon, François. *Oito mulheres*, 2002.

Panahi, Jafar. *O espelho (Ayneh)*, 1996.

Parra, Danièle. "Entretien avec Abbas Kiarostami, l'humaniste". *La Revue du Cinéma/ Image et Son*, Paris, nº 478, jan. 1992.

Pascoaes, Teixeira de. *A beira (num relâmpago)*. Lisboa: Bertrand, 1975 (1ª ed. 1916).

Payvar, Homayun. "Les Cadres de Kiarostami". *Cahiers du Cinéma*, Paris, nº 493, jul.-ago. 1995.

Piazzo, Philippe & Richard, Frédéric. "Jusqu'au Bout de la route: Entretien avec Abbas Kiarostami". *Positif*, Paris, nº 380, out. 1992.

Pinto, Ivonete. *Descobrindo o Irã*. Porto Alegre: Artes e Ofícios, 1999.

Prestes, Paola. *Diário de bordo. São Paulo/9 dias em novembro*, 2002.

Proust, Marcel. "En Mémoire des églises assassinées. I — Les Églises sauvées. Les Clochers de Caen. La Cathédrale de Lisieux. Journées en automobile". In: _____ *Pastiches et mélanges*. Paris: NRF, 1921 (1ª ed. 1919).

Pujol, Monique; Garson, Charlotte. "10 Bonnes Raisons d'embarquer à bord de Ten". http:*www.cinefeuille.free.fr/tem.htm*

Richard, Frédéric. "Le Réel en question. *Devoirs du soir* et *Close-Up*". *Positif*, Paris, nº 370, dez. 1991.

Rossellini, Roberto. *Viagem à Itália*, 1954.

Rousseau, Jean-Jacques. *Devaneios do passante solitário* (Quarto passeio, 1777). In: Puente, Fernando Rey (org.). *Os filósofos e a mentira*. Belo Horizonte: UFMG, 2002.

Ruffato, Luiz. *Eles eram muitos cavalos*. São Paulo: Boitempo, 2002.

Said, S. F. "Filmmakers on Film: Abbas Kiarostami", 28 set. 2002. http:\\ *www.telegraph.co.uk/arts*

Salles, João Moreira. "Prefácio". In: Consuelo Lins. *O documentário de Eduardo Coutinho, televisão, cinema e vídeo*.

Santas, Constantine. "Concepts of Suicide in Kiarostami's *Taste of Cherry*". *Senses of Cinema*, http:*www.sensesofcinema.com*

Santiago, Silviano. *O falso mentiroso*. Rio de Janeiro: Rocco, 2004.

Santos. Nelson Pereira dos. *Vidas secas*, 1964.

Serres, Michel. *O nascimento da física no texto de Lucrécio — Correntes e turbulências*. São Paulo/São Carlos: Unesp/EdUFScar, 2003.

Sitney, P. Adams. *Visionary Film. The American Avant-garde 1943-1978*. Nova York: Oxford University Press, 1979.

Snow, Michael. *Wavelength*, 1967.

Sterritt, David. "Taste of Kiarostami". *Senses of cinema*, http:*www.sensesofcinema.com*

Sussekind, Flora. "Não basta". Rio de Janeiro: *Argumento*, out.-nov. 2003.

Tabucchi, Antonio. *La Nostalgie du possible — Sur Pessoa*. Paris: Seuil, 1998 (Coll. 10/18).

_____ *Nocturne indien*. Paris: Christian Bourgois, 1987. (Coll. 10/18) Ed. original 1984.

Terron, Joca Reiners. *Não há nada lá*. São Paulo: Ciência do Acidente, 2001.

Toubiana, Serge. "Le Goût du caché: Entretien avec Abbas Kiarostami". *Cahiers du Cinéma*, Paris, nº 518, nov. 1997.

Truffaut, François. *A noite americana*. 1973.

Vincy. "Dix moi". http:*www.cannes-fest.com/2002*

Virilio, Paul. *La Machine de vision*. Paris: Galilée, 1988.

Warhol, Andy. *Empire State Building*, 1964.

_____ *Sleep*, 1963.

Welles, Orson. *Mentiras e verdades — F for fake*, 1973-75.

Wenders, Wim. *O amigo americano*, 1977.

Young, Deborah. "Kiarostami antes del sabor". Trad. de *Variety International Film Guide*, 1996. In: *Kiarostami, Makhmalbaf, Panahi y los otros*, Montevidéu: Cinemateca Uruguaya, s. d.

ESTA OBRA FOI COMPOSTA PELO ACQUA ESTÚDIO EM MINION E FOI IMPRESSA
PELA PROL EDITORA GRÁFICA EM OFSETE SOBRE PAPEL PÓLEN SOFT DA
SUZANO BAHIA-SUL PARA A EDITORA SCHWARCZ EM OUTUBRO DE 2004